군대 힘들어도 으쌰으쌰쌰

군대 힘들어도 으쌰으쌰쌰

초판 1쇄 인쇄 2011년 09월 20일
초판 1쇄 발행 2011년 09월 27일

지은이 | 김태욱
펴낸이 | 손형국
펴낸곳 | (주)에세이퍼블리싱
출판등록 | 2004. 12. 1(제315-2008-022호)
주소 | 서울특별시 강서구 방화3동 316-3번지 한국계량계측협동조합회관 102호
홈페이지 | www.book.co.kr
전화번호 | (02)3159-9638~40
팩스 | (02)3159-9637

ISBN 978-89-6023-677-6 03390

이 책의 판권은 지은이와 (주)에세이퍼블리싱에 있습니다.
내용의 일부와 전부를 무단 전재하거나 복제를 금합니다.

평생의 술안주 군대 이야기

군대 힘들어도 으쌰 으쌰쌰

김태욱 지음

ESSAY

시작에 앞서…

　내가 이 책을 쓰게 된 가장 큰 이유는 바로 '도전'이다. 군 복무 중 누구나 반드시 '나가면 이것 이것을 해봐야지…,' 하면서 목표를 세우곤 했을 것이다. 나도 다양한 목표를 세웠었고, 그 중의 하나가 바로 책을 내보자는 것이었다. 하지만 나는 아직 어린 데다 대단하신 저명인사들처럼 엄청난 경험도 없다. 하지만 나를 포함하여 남자들 대부분이 가지고 있는 경험인 '군대' 이야기는 할 수 있을 것이라고 생각했다. 군 복무 때 가진 목표이니 주제도 이만큼 맞는 게 없다는 생각이 들었다.
　남자라면 소수를 제외하고 누구나 다 다녀오는 군대…. 대한민국 건아들에게 그만큼 민감한 문제도 없을 것이다. 대부분이 다녀오는 만큼 다양한 이야기가 존재할 것이다. 나의 이야기 역시 그 수많은 이야기들 중의 하나에 불과하지만, 이 글이 군대를 아직 다녀오지 않은 사람에게는 약간이나마 군에 대한 지식을, 그리고 군에 다녀온 사람들에게는 '아, 이런 군 생활도 있었구나….' 하는 점을 알려주고 싶었다.

　군대…. 솔직히 말해서 정말로 가고 싶은 남자가 몇이나 있겠는가. 그런 생각을 가지고 있다면 직업군인으로 갔겠지. 하지만 피할 수도 없는 노릇 아닌가? 나는 군대에 관한 다른 책들처럼 군대에 대해 좋다, 좋다는 이야기만 해주기보다는, 그냥 내가 객관적으로 느끼고 배운 것들을 한번 이야기해보려 한다.

차례

시작에 앞서…

I. 군대란 어떤 곳인가?

1. 군대란 왜 존재해야 하는가? / 16
2. 그렇다면 왜 우리는 의무적으로 약 2년간 군복무를 해야 하는가? / 17
3. 군대에는 어떠한 종류가 있는가 / 19
   1) 육군
   2) 공군
   3) 해군
   4) 해병대

II. 군대의 어두운 면

1. 내무 부조리 / 26
   1) 오감자의 소스는 '상격' 이상의 특권?
   2) 활동복 옷깃의 권위
   3) 생활관(내무반)에서 누워 있을 수 있는 자는 병장뿐이다
   4) 청소는 일, 이등병, 감독은 상병, 병장은 노가리

5) 병장이라면 생활관(내무반)에서 라면(뽀글이) 취식
　　　6) 일병까지 웃음 금지
　　　7) 이등병은 선임병들이 데려가기 전에는 PX(충성 마트) 이용 금지
　　　8) 병장은 지연기상 지연취침
　　　9) 야간 근무 시 선임은 취침
　　10) 암기 강요

2. 계급사회 / 35
　　　1) 사회에서 '찌질이'도 선임이면 왕이다
　　　2) 늦게 왔다면 자신의 나이는 잊어라, 군대는 계급이다
　　　3) 나는 하면 안 되지만, 선임은 해도 된다
　　　4) 까라면 까야지!

3. 단절되고 제약된 생활 / 39
　　　1) 보고 싶은 사람
　　　2) 하고 싶은 욕망
　　　3) 이것저것 먹고 싶다

Ⅲ. 군대의 밝은 면

1. 이것도 사회경험, 그리고 사회생활을 위한 첫 걸음 / 44
　　　1) 계급사회
　　　2) 평생의 술안주

2. 자신의 단련 / 48
　　　1) 인내심의 단련, 그리고 하고 싶다는 욕망의 증대
　　　2) 육체의 단련

3. 새로 생기는 우정과 인맥, 더욱 돈독해지는 기존의 사랑 / 51
   1) 새로 생기는 인맥과 우정
   2) 더욱더 돈독해지는 기존의 사랑

4. 사람들의 인정 / 53

IV. 해보자, 군 생활

1. 재미있는 군 생활 / 58

   1) 군 생활을 하는 마음가짐

   2) 예쁨 받는 후임병
      - 선임이 시키기 전에 내가 먼저
      - '모르겠습니다'가 아니라 '해보겠습니다'
      - 남들이 잘못됐다고 하는 것은 잘못된 것이다. 그리고 가능하다면 선임에게 맞춰라
      - 행동은 빠르게
      - 재미있는 이야기를 한가득

   3) 존경받는 선임병
      - 솔선수범
      - PX 갈까?
      - 욕보다는 좋은 말로, 하지만 카리스마는 있게
      - 권위와 친근함의 공존

2. 재미없는 군 생활 / 67

1) 피해야 할 마음가짐

2) 미움 받는 후임병
- 귀찮다, 누군가 해주겠지
- 움직이지 않는 나
- 나만의 방식이 있다!
- 이곳은 단체생활이다
- 아직은 밑바닥이야
- 그걸 꼭 알아야 돼?

3) 피하고 싶은 선임병
- 아무것도 모르는 선임
- 이미지가 바닥인 선임
- 계급을 내세우며 자신 밖에 모르는 선임.
- 착하기만 한 선임
- 공포의 대마왕

3. 트러블을 해결하자 / 75

1) 나를 무시하는 선임, 후임 이미지는 바닥
2) 선임이나 후임과 다퉜을 경우
3) 간부와의 트러블
4) 말도 안 되고 불합리한 내무 부조리
5) 밖에서 터진 사고
6) 틀린 사람은 없다, 다만 당신과 조금 다를 뿐이다
7) 절대, 절대, 절대 포기하지 말라

4. 군대를 두려워하지 말라 / 81

V. 나의 군 생활

1. 나의 군 생활 전반부 / 86

1) 사회에서 군대로…, 입대
- 알아두면 좋을지도 모를 신검과 입대 전 팁
- 알아두면 좋을지도 모르는 입대 전의 상식
  ① 102, 306…
  ② 시계는 전자시계
  ③ 몸만 가라
  ④ 각종 자격증은 챙겨라

2) 102 보충대
- 알아두면 써먹을 데가 있을지도 모를 보충대의 팁
  ① 군화
  ② 피복

3) 102 보충대에서 2사단 노도 훈련소로

4) 2사단 노도부대, 훈련병 생활
- 알고 넘어가면 좋을지도 모를 훈련병의 팁
  ① 목소리는 좌우지간 크고 우렁차게
  ② 가장 먼저 나서라
  ③ 훈련병이 군 생활의 첫 단추
  ④ 편지와 소포를 잘 활용하라

5) 훈련소를 마치고 자대로…

6) 이곳은 알파 포대, 군 생활의 시작!
- 알고 넘어가면 좋을지도 모를 '짬이 안 될 때'의 조심해야 할 행동
  ① 오른손으로 담배 피기
  ② 식사 시 왼손은 식탁 아래로
  ③ 압존법
  ④ 자세는 항상 바른 자세
  ⑤ 암구어나 식단, 그 외 정보는 가장 먼저 알아놓자.
  ⑥ 선임의 눈치를 잘 살펴라

7) 평범한 군 생활에서 나라으로

8) 비전 캠프로

9) 비전 캠프의 프로그램

10) 거친 군 생활

11) 비전 캠프 조교로…

2. 나의 군 생활 후반부 / 123

1) 조금은 아쉬운 일들
- 언제나 말조심, 말은 함부로 하는 게 아니다
- 법대생 과대표 태권도 4단 정신병자
- 나는 의가사다
- 암이에요
- 식탐을 참을 수가 없다

2) 그래도 힘내자!

- 나는 국악인
- 아파도 꿋꿋하게
- 유약한 나
- 바뀔 수 있다
    ① 타인과의 문제로 입소
    ② 건강 문제
    ③ 여자 문제
    ④ 가정 문제
    ⑤ 그냥 군대가 싫다
    ⑥ 바닥을 치면 올라가게 돼 있다

- 마무리 지으며

3. 후반부를 이야기하며 / 151

1) 알아두면 괜찮을지도 모를 상병 때의 행동방침
2) 병장을 달고 전역까지
3) 알면 좋은 병장의 팁
4) 비전 캠프 그리고 군대

Ⅵ. 내가 생각하는 현 군대의 큰 문제점

1. 입대 전 허술한 신체검사와 정신검사 / 164
2. 어처구니없는 내무 부조리 / 166

3. 병영의 정해진 규칙과 실질적인 생활의 근본적인 문제 / 168
4. 병사들이나 기타 문화에 대한 제대로 된 관리 부족 / 170
5. 부적합 병사에 대한 전역 및 보충역 전환 절차 / 172

Ⅶ. 군대를 마쳐야 하는 이유

1. 결국 자신에게 떳떳하지 못하다 / 176
2. 평생 따라오는 기록 '군 부적합자' / 177
3. 40분의 1 / 179
4. 참지 못하여 탈영할 경우 / 181

Ⅷ. 이 책을 마치며…

부록: 재미로 알아보는 군대용어 사전 / 185

I

군대란 어떤 곳인가?

[군대는 대한민국 국민이 지켜야 할 4대 의무, 즉 국방의 의무, 납세의 의무, 근로의 의무, 교육의 의무 중 하나인 국방의 의무를 위해 대한민국 남자라면 누구나 한번은 가야 하는 곳이다. 육군, 공군, 해군, 해병대 등이 존재하며, 각 군마다 차이는 있지만 평균적으로 2년의 세월을 봉사해야 한다.]

1
군대란 왜 존재해야 하는가?

 어느 나라건 군대가 없는 나라는 사실상 찾아보기 힘들다. 나라에 군대가 없다는 것은 나라를 지킬 힘이 없다는 것이고, 나라를 지킬 힘이 없으면 국민은 빼앗기고 고통 받게 된다. 이는 일제 강점기, 6.25 등을 겪은 전쟁과 고통의 우리나라 역사가 증명해 왔으며, 세계사를 봐도 누구나 알 수 있는 상식이다.

2
그렇다면 왜 우리는 의무적으로 약 2년 간 군복무를 해야 하는가?

많은 이들이 잘 알지 못하고 나도 군에 입대하기 전까지는 크게 신경 쓰지 않았던 부분이지만, 우리나라는 전 세계에서 전쟁 위험도가 상당히 높은 국가 가운데 하나이다. 그도 그럴 것이, 우리나라는 아직 전쟁이 끝난 것이 아니기 때문이다. 1950년 6월 25일 발발한 6.25 전쟁은 끝난 것이 아니라 아직 '휴전' 상태에 있다.

I. 군대란 어떤 곳인가?

우리와 휴전 중인 북한이 우리와 대화와 평화를 통해 이야기를 풀어나가고 양국 간의 사이가 좋은 상태라면 이야기가 달라질지도 모르겠지만, 최근 북한이 천안함, 연평도 도발 사건 등으로 우리나라에 지속적인 도발과 위협을 가하고 있으므로 국민의 불안감은 더 커질 수밖에 없다. '이런 위협은 우리가 북한을 따뜻하게 대해주지 않아서 생기는 것이다, 혹은 북한은 우리의 적으로서 적화통일을 하려 한다.'라는 등 여러 가지 의견이 존재하지만, 우리가 알아야 할 중요한 것은 언제 어느 때라도 전쟁이 날 수 있는 위험을 가지고 있다는 점이다. 그러므로 사랑하는 가족, 사랑하는 친구들을 위해서라도 우리는 국방의 의무를 짊어지고 갈 수밖에 없다.

3
군대에는 어떠한 종류가 있는가

우리나라 군대는 크게 보면 육군, 공군, 해군, 해병대 등이 존재하며 각 군마다 특색 있는 임무로 국가방위에 헌신하고 있다. 너무나 방대하여 자세하게 설명하기는 힘들지만, 이 글의 목적이 군의 종류에 대한 설명보다는 군 생활 자체에 초점을 맞추고 있으므로 간단하게 알아보고 가도록 하겠다.

1) 육군

가장 보편적이고 대중적인 군으로서 국가 방위의 중심 군이기도 하다. 국가의 지상전 전반을 책임지고 있기 때문에 직책도 다양하다. 나 역시 육군 출신이다.

2) 공군

국가의 공중 전력이다. 전투기나 헬기 등은 전문적인 교육을 받은 간부들이 조종하고, 병사의 경우는 대부분 정비나 활주로 관리 등을 한다. 대부분 공군 하면 편하고 자주 외박을 나오며 자주 놀러간다는 인상을 가지고 있을지도 모르지만, 사실 공군 병사들이라고 모두 그렇게 편하고 놀러나가고 하지는 않는다. 레이더 기지에 배치 받는 공군 병력들의 경우는 오히려 육군보다 더 산속에 틀어박혀 살아야 하는 경우도 있다. 그들 역시 국가를 위해 헌신하고 있는 중이다.

3) 해군

국가의 해상 전력으로서 최근 천안함 사건으로 많은 사람들의 마음을 아프게 했던 일이 있어서, 아직은 우리나라가 평화롭지 않다는 걸 상기시켜주기도 했다. 육상 생활을 하는 경우도 있지만, 대개의 장병은 바다 생활을 한다. 배 위에서 지내는 만큼 타군보다 지상에 대한 그리움이 커진다고들 한다. 어떻게 보면 해군이야말로 가장 최전선에서 싸우는 장병들일지도 모른다.

4) 해병대

전투 특수부대인 만큼 훈련 강도나 내무 생활 등 군기가 강하기로 유명하다. 또 그만큼 해병대 출신이나 현역들의 자부심이 강하고 타 군들에게도 인정을 받는다. 하지만 '국가의 창끝'이라는 별명에 무색하게 최근 연속으로 사건사고가 터져 언론에 등장해 많은 이들의 눈살을 찌푸리게 하고 있다는 점이 아쉽다. 부대의 특성상 아무래도 육군이나 공군 등 다른 군보다 병영 문화가 덜 발달돼 있다고 판단된다. 그러므로 이런 점은 하루라도 빨리 개선되면 좋겠다. 한민족끼리 대치 상태인 것도 슬픈데, 같은 부대원들끼리 총을 쏘는 것은 언어도단이 아닌가.

간략하게나마 군대의 종류와 이유 등에 대해 알아보았다. 그렇다면 이제부터 군에 대한 장점, 단점, 배울 점, 버릴 점 등을 알아보고

자 한다. 나의 군 생활에 대한 기억과 주변 친지들에게 이야기를 들어보고 교과서적인 이야기보다는 실제로 경험했던 것을 중심으로 이야기해보려 한다.

II
군대의 어두운 면

> 군 생활이란 기본적으로 단체생활이다. 사방 팔도에서 여러 사람이 모여서 지내는 만큼 다양한 사람들이 존재하고, 다양한 사람이 존재 하는 만큼 내무 부조리나 다양한 어두운 면이 존재하기 마련이다. 2장에서는 각종 내무 부조리와 그 외 기타 어두운 면들을 살펴보기로 하겠다.

1
내무 부조리

여러 가지 내무 부조리에 대해 이야기하기 전에 내무 부조리가 무엇인가에 대해 설명해보자. 군대는 약 2년여의 기간 동안 여러 사람이 모여서 계급 제 생활로 여러 가지 제약을 받으며 살아가고 있다. 그런 계급 생활을 겪으며 병사들의 계급차로 인한 생활에서 생겨나는 부조리를 내무 부조리라고 총칭한다. 나는 군 생활을 약간 특별하게 보냈기 때문에 여러 가지 내무 부조리에 대해 알고 있는데, 그에 대해 몇 개 이야기해보려 한다. 내무 부조리란 군대를 아직 가지 않은 사람이나 여성들이 들으면 절대 사회 인식으로 이해 못 할 이유와 논리로 뭉쳐져 있다. 하지만 군 내부에서 일어나는 일은 사회의 인식과 지식으로는 해결할 수가 없다. 로마에 가면 로마법을 따르라고 하듯이 이미 그것이 그곳의 생활이다. 나는 2011년 4월 29에 전역을 했기 때문에 아직 거의 대부분이 바뀌지 않았을 것이라 생각한다. 또한 이후 설명돼 있는 내무 부조리의 계급 제한은 나의 독특한 군 생활 덕에 알게 된 사실로서 각 부대마다 계급의 차이가 있다.

1) 오감자의 소스는 '상꺾' 이상의 특권?

설명에 앞서 '상꺾'이란 '상병이 꺾였다'는 말인데, 상병 계급 기간의 절반을 보냈다거나 병장을 달기 한 달 전의 상병을 이야기하는 용어로 부대마다 약간씩 차이는 있다. 오감자의 소스를 '상꺾' 이상의 특권이라는 말은, 생활관(내무반)에서 '오감자'라는 과자를 먹을 때 그 안에 들어 있는 소스를 찍어 먹을 수 있는 자격은 '상꺾' 이상의 계급자에게만 있다는 내무 부조리를 말한다. 내 돈을 주고 과자를 사왔어도 내가 이등병이나 일병 혹은 상병이 아직 꺾이지 않았다면 소스를 찍어 먹을 수가 없다. 만약 소스를 찍어 먹다가 선임병들에게 발각되면 무시무시한 '갈굼'이 시작되며, 단체생활에서 가장 피해야 할 '찍히는' 상황이 발생한다. 과자 쪼가리 가지고 도대체 왜 저렇게까지 하는지 이해할 수 없는 사고방식이다. 하지만 앞서 말했듯 사회에서의 상식은 통하지 않는다. 이는 다른 내무 부조리에서도 마찬가지이다.

2) 활동복 옷깃의 권위

군에서는 군복 외에도 활동복이라는 추리닝이 보급된다. 하계용으로는 반팔 반바지, 춘계나 동계용으로는 점퍼 식 추리닝이 보급되는데, 이 복장에 대해서도 내무 부조리가 존재한다. 즉 '목까지 지퍼를 올리거나 옷깃을 세우고 다닐 수 있는 것은 병장뿐이다.'라는 것이다. 보통 목까지 지퍼를 올리는 동계에 일어나는 일이다. 계급이 높은 병사들은 목까지 지퍼를 올려서 따뜻하게 입어도 되지만, 계급이 낮은 일병, 이등병들의 경우는 목까지 지퍼를 올릴 수가 없다. 따라서 보급되는 목 토시를 하지 않으면 추위에 떨 수밖에 없다. 옷깃을 세우는 것은 단순히 폼을 잡기 위해서이며, 이 역시 후임병들은 꿈도 꿀 수 없는 일이다.

목까지 지퍼를 못 올리게 하는 선임병들이 말하는 이유는 각 부대마다 다르겠지만, 내가 있었던 부대는 '이등병이 벌써부터 목 토시 하기가 귀찮아서 지퍼를 올리냐?' 혹은 '벌써부터 폼 잡으려고 하냐?' 하는 격이다. 만일 지퍼를 올리면 정말 폭풍과도 같은 '갈굼'을 당하게 될 것이다. 이 글을 보면서 도대체 이해할 수 없는 논리라며 왜 목 토시 하는 것과 지퍼 올리는 것을 비교하느냐고 해도 어쩔 수가 없다. 앞서 말했듯 병사들의 상식과 사회인의 상식은 다르다.

대충 이런 느낌이다. 어떤 부대에서는 다른 종류의 활동복을 섞어 입을 수 있는 것도 병장뿐이다. 군에서는 구 활동복을 폐기하라고 했지만, 아직 많은 수가 남아 있다.

3) 생활관(내무반)에서 누워 있을 수 있는 자는 병장뿐이다

이는 자주 들어본 부조리 중 하나일 것이다. 그만큼 많이 사라지긴 했지만 아직 꽤 남아 있다. 취침시간을 제외하고 후임병 급들이 생활관(내무반)에서 누워 있거나 누워서 TV를 시청하는 일은 불가능하다. 이 역시 병사들의 논리로 '감히 병장님이 누워 계시는데 일, 이등병 따위가 누워 있을 생각을 하다니, 미치지 않고서야 그런 일을 상상이나 하겠는가?' 하는 것이다. 약간 이해하기 쉽게 이야기하자면, '어디 어른들 계시는데 건방지게 어린애가 누워 있냐.' 하는 것이다. 계급사회가 다 그렇듯 약간 과장해서 말하자면, 선임은 왕이고 후임은 부하일 뿐이다.

4) 청소는 일, 이등병, 감독은 상병, 병장은 노가리

　이는 가장 빈번하게 일어나는 내무 부조리로서 병사들 사이에서도 가장 별게 아니라고 보는 것들 중 하나이다. 군 내부에서는 임무 분담제라고 하여 청소를 모두가 각자 분담하여 하게 돼 있다. 하지만 어찌 계급사회 단체생활에서 그게 쉽게 이루어지겠는가. 체육대학 계통이나 선후배 사이가 엄격한 학교를 나온 사람일수록 이해하기 쉬울 것이다.
　간부는 선생님이고 선임들은 선배다. 선생들이 청소 다 같이하라고 하면 무시무시한 선배들이 하게 되기보다 후배인 자신들이 하게 될 것이다. 또한 이 규칙을 무시하려 들면 찍혀서 '왕따'가 될 수도 있으니, 누가 그것을 감당하려 하겠는가. 이 부조리는 '그만큼 선임들이 해왔으니 대우해준다.'라는 명목으로 이루어지는 경우가 많으며, 후임 입장에서도 다른 부조리에 비해서 불만을 덜 갖는 편이다.

5) 병장이라면 생활관(내무반)에서 라면(뽀글이) 취식

　사실 군의 규칙대로라면 생활관 내에서 라면(뽀글이) 취식은 금지되어 있다. 당연히 해서는 안 될 일이지만, 학창시절 선생님이 하지 말라는 일을 소위 말하는 '일진'이나 '짱'인 아이들은 선생님 몰래

하지 않았던가. 군대도 마찬가지이다. 병장이 되면 병사들 중 자신을 막을 사람이 없기 때문에 해서는 안 될 일을 해도 거리낄 게 없는 것이다. 그렇다고 그 사람을 간부에게 고발하기라도 할 것인가? 잘된다면 부조리도 해결되고 다 좋을 것이다. 하지만 만약 일이 잘 안 되어 당신이 고발했다는 사실이 알려지면? 그렇다면 당신은 라면 따위로 군 생활 2년을 '왕따'로 보내야 될 위험을 안고 갈 것이다.

6) 일병까지 웃음 금지

이는 상당히 심한 부조리 중 하나이다. 사람의 감정 가운데 하나인 웃음을 통제당하는 것이다. 그냥 크게 웃는 것뿐만 아니라 얼굴에 미소를 머금는 것조차 금지된다. 이를 어길 시 '벌써 웃음이 나오고 군 생활이 편한가 보다?' 하면서 얼굴에 가지고 있던 웃음이 자살 직전의 표정으로 바뀔 정도로 '갈굼'을 당할 것이다. 또한 이런 부조리를 악용하여 일부러 선임들이 후임병들과 코미디 프로를 같이 본다거나 일부러 웃긴 행동을 하는 등 괴롭히기도 하므로 대처를 잘해야 된다. 사실, 대처를 하고 뭐고 이전에 이런 부조리는 빨리 근절되어야 한다.

7) 이등병은 선임병들이 데려가기 전에는 PX (충성 마트) 이용 금지

이 역시 상당히 이등병들을 괴롭히는 내무 부조리로서 몸의 활동량이 많고 밥은 입맛에 안 맞는, 막 적응하는 시기의 이등병들은 단것이 먹고 싶고 군것질이 하고 싶어진다. 하지만 그것을 금지하는 이유는 '이등병이 일을 배우고 바쁘게 돌아다녀야지 무슨 PX를 가려고 하냐? 선임들이 편하게 대해 주냐?' 하는 것이다. 사회인들이 보기에는 단순한 괴롭힘에 불과하지만, 이미 이런 부조리가 있는 부대의 병사들에겐 더러워도 할 수 없는 법일 뿐이다.

8) 병장은 지연기상 지연취침

군대는 일과 시간표에 의해 돌아간다. 군인은 그 일과에 따라야 한다. 병사들은 10시에 취침해서 아침 6시에 기상하도록 정해져 있지만, 병장들은 이야기가 좀 다르다. 이르면 10분, 과하다 싶으면 20~30분까지 더 취침하는 경우가 태반이다. 물론 그만큼 늦어지는 기상 때문에 그들이 일어난 침상 정리나 신발 정리 등은 당연히 후임병들이 해야 한다. 아직 군 생활에 적응이 안 되어 옷 갈아입고 침상 정리하는 속도가 느린 이등병들은 선임병장들의 침상까지 정리를 해야 하므로 더 늦어지게 마련이다. 그러면 선임들은 '왜 이렇게 느리냐?'며 갈구기 시작한다.

9) 야간 근무 시 선임은 취침

 야간 근무란 부대마다 자잘하게 보면 그 종류가 많겠지만, 크게 보면 보통 막사 내부에서 서는 불침번 근무와 막사 외부의 탄약고 나 위병소를 보초 서는 경계근무 등이다. 불침번의 경우는 만에 하나 터질지 모르는 화재나 탈영 및 기타 사고를 예방하기 위해서 서는 것이다. 또 외곽 근무는 말할 것도 없이 적의 침입이나 또 다른 돌발 상황을 대비하기 위함이다. 보통 근무는 2인 1조로 이루어지는데, 이때 선임병사는 근무지에서 근무를 서지 않고 자는데, 바로 이 내무 부조리를 말한다. 이는 내무 부조리로서도 문제지만, 안보상 더 큰 사고를 부를 수도 있다.

10) 암기 강요

이 역시 가장 빈번하게, 어쩔 수 없이 일어나는 내무 부조리이다. 정말 다양한 암기 강요가 있다. 주특기 책에서부터 중대원 이름까지 암기할 것을 강요당한다. 이는 단체생활에서 꼭 필요할 뿐더러 군인으로서도 꼭 익혀야 될 것들이 대부분이긴 하다. 단 이를 악용해서 정말 필요도 없는 것들을 암기하라고 강요하는 경우가 있지만, 이 역시 구별 짓기가 애매하여 당하는 사람으로서도 어떻게 하기가 힘들다.

위에서 일단 대표적인 내무 부조리 10가지만 알아보았다. 이것보다 더 심한 내무 부조리도 많이 있다. 정말 별것도 아닌 내무 부조리도 존재 한다. 소감이 어떤가? 정말 이유도 논리도 유치하기 짝이 없는 내무 부조리가 많지 않은가? 사람들이 계급을 쥐고 단체생활이라는 억압된 생활에 갇혀 지내다 보니 유치해지는 경향이 있는 것을 부정할 수 없는 것 같다. 마치 초등학생들이 아이스크림을 나눠먹으며 '넌 혈액형이 다르니까 줄 수 없어.' 하는 행동의 연장선으로 보일 정도이다.

하지만 여기서 한 가지 짚고 넘어갈 점은, 현재 군 내부에서는 내무생활을 개선하기 위해 많은 노력을 하고 있고, 그 결과 많은 내무 부조리가 사라지고 있다. 위에서 말한 많은 내무 부조리들이 아직 남아 있는 부대도 많지만, 없어지고 있는 부대도 많고 계속 개선하려 노력하고 있다.

2
계급사회

이를 꼭 부정적으로 볼 수는 없지만, 이로 인해 어두운 면이 생겨 나기도 한다. 앞서 말한 내무 부조리가 이러한 계급사회의 대표적인 어두운 측면일 것이다. 선임과 후임 간에 마찰이 생길 경우 십중팔구는 이런 소리를 들을 것이다.

"불만이면 먼저 오든가!"

그렇다. 어쩔 수 없다. 군대는 더러워도 계급사회이고, 먼저 온 놈이 장땡이다. 몇 가지를 나열해 보도록 하겠다.

1) 사회에서 '찌질이' 도 선임이면 왕이다

불멸의 진리이다. 혹시 당신은 서울대 법대생인데, 상대방은 어디 듣도 보도 못 한 학교에 자신보다 아무것도 잘난 것 없는 사람 아닌가? 하지만 그 사람이 당신보다 먼저 입대했다면, 당신의 사회에서의 경력은 '아~~~~무' 쓸모도 없다. 과장을 약간 더하면, 그 사람은 왕이고 당신은 부하이다. 앞서 말한 각종 내무 부조리도 부조리려니와, 둘 사이에 문제가 생겨도 계급 때문에 뭐라 할 수도 없고 난처하기만 하다. 혹시 당신은 사회에서 싸움을 잘해서 '계급장 떼고 싸워버리겠다.'라고 생각하고 있는가? 해보라. 당신은 그 감금된 부대 내에서 2년 동안 '왕따'로 지내야 할 것이다. 아무도 도와주지 않는 쓸쓸한 고독을 2년 동안 맛보고 싶지 않다면 성질을 버려라.

2) 늦게 왔다면 자신의 나이는 잊어라, 군대는 계급이다

물론 다 그렇다는 건 아니다. 하지만 군을 좀 늦게 입대한 사람들이 겪는 문제 중 하나가, 자신이 나이가 더 많은데 선임이라는 이유로 자신을 막 대하고, 심지어 폭언과 욕설에 불합리한 짓까지 저지른다는 점인데 이 역시 어쩔 수 없다. 당신이 나이가 아무리 많아도 선임 입장에서 당신은 갓 들어온 이등병일 뿐이다. 그들은 당신의 나이를 상기시키지 않는다. 50대인 주임원사들도 병장보다 군 생활을 덜한 소위들한테 존댓말을 써야 하는 곳이 계급사회의 군대다. 당신이 나이가 많다는 점을 어느 누구도 그렇게 크게 신경써주지 않는다.

3) 나는 하면 안 되지만, 선임은 해도 된다

 이 역시 더럽고 치졸한 논리이지만 어쩔 수 없다. 앞서 말한 내무부조리와도 연결되는데, 선임들이 생활관에서 라면을 먹는다고 나 역시 그것을 하겠다는 건 말도 안 되는 일이다. '투쟁해서라도 먹겠다!'라고 해봤자 당신에게 돌아오는 건 싸늘한 눈초리와 단체생활 규칙조차 모르는 녀석이라는 낙인일 뿐이다.

4) 까라면 까야지!

군인들에겐 익숙한 말이고, 아직 못 간 사람들에겐 생소한 말이겠지만,

이 말의 뜻을 조금 직설적으로 이야기하자면, '닥치고 하라면 무조건 해!'라는 말이다. 군 생활을 하다 보면 정말로 이해 못 하고 어처구니없는 상황도 많이 일어나고, 이걸 왜 해야 하는지 모르겠는 작업도 해야 한다. 아무리 생각해봐도 잡초가 어제 뽑아서 거의 보기도 힘든데, 좀 자라고 뽑으면 될 것을, 왜 이걸 잘 뽑히지도 않는데 뽑아야 되나…. 비도 오는데 왜 굳이 오늘 삽질을 해야 되나…. 정말 말로는 다 할 수 없을 정도로 이해할 수 없는 상황이 많이 일어난다. 하지만 당신에게 의견 발언권은 없다. 당신은 그냥 까라면 까면 된다.

거기다가 별(장군)이 부대를 방문한다는 소문이 돌면, 당신은 화장실 타일 사이사이를 거울보다 더 반짝이게 닦는 일이 어떤 것인지 체험하게 될 것은 물론, 절대 볼 것 같지 않은 변기 뒤의 구석진 곳까지 당신의 얼굴이 비칠 정도로 청소하게 되는 일을 경험할 것이다. 나는 치약이 모든 곳을 청소할 수 있는 만능 약품이라는 걸 군에 가서 알았다.

3
단절되고 제약된 생활

 혹시 이 글을 읽고 있는 독자는 아직 군대를 가지 않은 남자인가? 그리고 곧 가야만 하는가? 그렇다면 지금 그 생활을 평소의 생활이라고 생각하고 업신여기지 말라. 지금의 당연한 생활이 입대하게 되면 다시는 못 할 것만 같은 위대한 일상으로 느껴질 테니까.

1) 보고 싶은 사람

 연인이 있는 사람이면 더할 것이고, 연인이 없더라도 사랑하는 가족과 친구들을 자신이 보고 싶을 때 볼 수 없고, 자신이 전화하고 싶을 때 마음대로 전화할 수 없다. 군대에서 가장 힘든 점은 훈련도 내무 부조리도 선임의 괴롭힘도 아니다. 자신이 힘들 때 이야기 나누고 보고 싶은 사람들을 보지 못하고 말하지 못한다는 사회와의 단절감, 고립감이 가장 힘들다.

2) 하고 싶은 욕망

사회에서 자유롭게 살다왔을수록 더 심하게 느낄 것이다. 심할 경우에는 당연한 군대의 규칙조차 적응을 못 하고 힘들어 하기도 한다. 술 마시고 싶고 놀러가고 싶고, 게임하고 싶고 컴퓨터를 하고 싶고…, 너무나 하고 싶은 것이 많지만, 대부분은 군부대 내에서 할 수 없는 것들이다. 거기다 자유 방탕하게 살았을수록 군대의 규칙적인 생활이 더 몸에 맞지 않을 테니 얼마나 힘들겠는가.

3) 이것저것 먹고 싶다

이 역시 군부대 내에서 너무나 자주 겪는 괴로움 중에 하나이다. 그나마 부대 내에서 여가생활이라 할 수 있는 TV 시청 시간에, TV에 나오는 피자와 치킨은 또 얼마나 맛있어 보이는지. TV에 나오는 그 맥주의 목 넘김을 생각하면 또 암울해지기 시작한다. 먹고 싶은 것은 많은데 먹어야 하는 건 부대에서 주는 급식뿐. 부대의 내무 부조리에 따라 군것질도 마음대로 못 하니, 참 죽을 맛이다.

　대표적으로 사회생활과 다른, 군이라는 단절되고 규율이 엄격한 생활에서 장병들이 가장 힘들 만한 사항 몇 가지를 추려보았다. 군대에서 훈련이나 체력을 사용하는 일 등 몸의 고난도 힘들지만, 사람을 가장 힘들게 하는 것은 단절된 생활이다. '한 발짝만 더 나아가면 사회가 있는데.'라는 위병소 근무를 설 때의 그 기분은 군 생활을 해보지 않은 사람은 알려야 알 수도 없는 것 아닐까?

III
군대의 밝은 면

지금까지 군대의 어두운 면을 살짝 알아보았다. 설마 앞의 이야기만을 보고 '군대란 역시 쓰레기 같은 곳이었어!' 하는 편견을 갖게 되지는 않았는가. 혹시 겁먹지나 않았기를 바란다. 하지만 어둠이 있으면 빛이 있는 법. 군대도 사람 사는 곳인데 어떻게 안 좋은 것만 있겠는가. 그렇다면 왜 어르신들이 '남자라면 한번쯤은 다녀올 만하다!' 라고 이야기하겠는가! 그렇다고 두 번 가진 않을 테지만. 어쨌건 이제 좋은 면을 보도록 하자.

1
이것도 사회경험, 그리고 사회생활을 위한 첫 걸음

엄밀히 말하면 군대와 사회는 다르다. 사회가 더 살벌하고 살기 힘든 것도 사실이라면 사실이다. 하지만 그렇다고 완전히 다를 수도 없다. 군대 역시 사회경험의 일종이다. 그것에 대해 몇 가지 알아보도록 하겠다.

1) 계급사회

'아니, 이게 무슨 소리야?' 하는 독자들이 있을 것이다. 위에서 안 좋은 것이 계급사회라더니, 이제는 좋은 면에서 계급사회라는 말이 나왔다. 그 이유에 대해 설명하겠다. 사실 사회도 계급이 전혀 없다고 말할 수는 없다. 취직을 하게 되면 당신은 일반 사원이고, 그 위에는 부장이며 팀장이며 사장님까지, 엄연히 '높은' 사람이 존재

한다. 그 첫 걸음을 배울 수 있는 곳이 군대다. 여러분이 알아둬야 될 것이 있다. 그 어떤 곳이라도 군대만큼 밑바닥(이등병)에서 왕(병장) 자리까지 빠르게 올라가는 조직은 없다. 진짜 아무것도 모르는 신입사원인 이등병부터 좀 안다고 싶은 일병, 그리고 그 신입사원과 약간의 경력직을 관리하는 관리직이며 팀장급인 상병, 그보다 더 위인 병장까지. 군대란 조직은 어떤 조직보다 가장 밑에서부터 가장 위까지, 자신의 위치에서 해야 될 행동과 윗사람에 대한 처세술, 그리고 아랫사람을 대하는 법을 익힐 수 있는 곳이다. 이런 조직을 군대 외에는 사실 찾기 힘들다. 괜히 사람들이 군대 다녀온 사람과 아직 안 다녀온 사람이 개념이 다르다고 말들 하는 것이 아니다.

2) 평생의 술안주

군대 이야기는 평생 따라다닌다고 하는 이야기를 많이들 들어보았을 것이다. 그리고 그에 대해 부정적인 시각을 가지고 있는 사람들이 자주 말하는 것은(나도 다녀오기 전에 매우 부정적이었다), '요즘 누가 군대 이야기 하고 사냐,' '공익 나온 거 아무도 신경 안 쓴다!'라는 말이다. 나도 그렇게 생각했고, 어떻게 보면 그 말도 맞다. 나는 친구들끼리 모여도 군대 이야기는 잘 안 한다. 우리 세대에서라면 전혀 틀린 이야기가 아닐 수도 있다. 하지만 여러분은 친구들과만 대화를 할 것인가? 어쩔 수 없지만 아직까지 우리는 이 시대의 높은 위치가 아니다. 아직까지는 우리 부모님 세대가 사장이며 회장이고 그분들이 모든 일을 하고 계시다. 당신이 취직을 하고 높은 사람들과 대화할 경우 사실 그분과 당신의 '공유점'은 게 찾기 힘들다. 그래서 높은 분들은 남자들의 공통점인 '군대 다녀왔냐?' 하는 질문을 하고, 술자리에서 자주 군대 이야기판이 벌어지는 것이다. 또한 군대의 특성상 뻥을 가미해서 허풍 치기 좋기 때문에, 허풍떨기 좋아하는 남자의 특성상 자주 이야기들을 하는 것이다.

내가 부장 위치에 올라갔다 하더라도, 같은 질문을 했을 때 다녀왔다는 대답이 와서 몇 마디 대화를 할 수 있는 부하 직원과 면제 등 기타 대답을 해서 물어본 사람도 무안하고 답한 사람도 뻘쭘한 상황이 일어난다면, 같은 능력을 가진 사람 중 누구에게 더 눈이 가겠는가? 당연히 다녀온 사람 아니겠는가? 또한 위에서 말했듯 우리 세대는 군대를 멸시할지 몰라도, 윗세대는 그렇지 않다. 그리고 우리를 고용해서 써 줄 사람들은 윗세대지 우리 세대가 아니다. 당신이 회사를 차린다면 모르겠지만.

2
자신의 단련

또 뻔한 소리를 하고 있다고 생각하는 사람들이 있을지도 모르겠다. 하지만 뻔한 소리라는 것은 그만큼 많이 들었다는 소리이고, 많이 들었다는 건 많은 사람들이 그렇게 느꼈다는 것이다.

1) 인내심의 단련, 그리고 하고 싶다는 욕망의 증대

가장 당연하고도 뻔한 소리를 하겠다. 약간 과장하자면, 나는 사실 인내심이라고는 정말 한 톨도 없었다고 해도 과언이 아니다. 뭔가를 시작하면 얼마 가지 못했다. 끈기가 있는 편도 아니었다. 군 생활 역시 중간에 큰 일이 있었지만, 그건 뒤에 다루도록 하겠다. 본래의 화제로 돌아가서, 당신은 군대에 가게 되면 어쩔 수 없이 필연적으로 당신이 원하지 않더라도 인내심이 길러질 수밖에 없다. 단절된 일상이라는 특이상황이 그것을 가능하게 만들어 준다. 참아야 할 곳에서는 참는 훈련을 시켜줄 것이고, 당신이 하기 싫은 것을 하게 하는 능력을 키워줄 것이다.

그리고 덤으로 하나가 더 붙는다. 바로 무언가 하고 싶다는 욕망이 더욱더 커지게 될 것이다. 뒷장에서도 다루겠지만, 그 하고 싶다는 마음을 잘 간직하기 바란다. 당신이 군대에 있게 되면 사회에 나가서 정말로 하고 싶은 게 많아질 것이다. 당연하게 여기고 그 생활을 하다 보니 소중하게 여겨지지 않던 일들…. 그 일들을 정작 못하게 되다 보니 더욱더 목표가 확실해진다. 사회에서는 생각조차 안 나던 일들, 간단하게 예를 들면 여러 가지 도전, 효도, 애인 만들기 등등등, 정말 많은 일들을 하고 싶은 욕망으로 출렁이게 되고 그 욕망을 표출하고 싶어질 것이다.

사회에서 놀기만 했던 당신이 나가게 되면 이런 저런 일들을 해야지 하는 계획이 잡히고, 하고 싶은 것들을 더 갈망하게 된다. 이 마음을 전역해서까지 끌고 나가고 잊지 않는 것이 중요하다. 그리고 실천하라!

당신은 내게 물을 것이다 그럼 당신은 무엇을 실천하고 무엇을 갈망했냐고. 그럼 나는 답해주겠다, 지금 컴퓨터 앞에서 이 글을 쓰고 있다고.

2) 육체의 단련

 장점이 아니라고 생각할 수도 있겠지만, 몸이 건강해진다는 것은 긴 관점으로 볼 때는 확실히 좋은 점에 속한다. 그리고 군대에서의 몸의 단련, 이건 어쩔 수 없는 숙명이다. 아무리 소위 말하는 '땡보'라고 해도, 군대라는 곳의 특성상 아예 몸을 안 쓸 수는 없다. 사회에서 몸을 충분히 사용하고 건강했던 독자들에게는 상관없는 일이겠지만, 혹시 몸이 허약하거나 살이 많이 찐 사람들은 몸을 단련하고 다이어트를 하기에는 아주 좋은 환경이 주어진다. 톡 까놓고 말해 아놀드 같은 몸이 되는 건 현실상 불가능하지만, 허약한 사람이 어느 정도 건장해질 수도 있고 살 또한 상당히 많이 뺄 수 있다. 내가 군 생활을 할 때 살을 30kg 넘게 뺀 전우도 보았다.

3
새로 생기는 우정과 인맥, 더욱 돈독해지는 기존의 사랑

 군대에서는 다양한 사람을 만나게 되고 기존의 사람들과도 더욱 돈독해지는 기회가 오게 된다. 이는 타지 생활을 하는 사람의 필연이기도 하다. 바로 이 점을 소개해볼까 한다.

1) 새로 생기는 인맥과 우정

 군대란 전국 사방 팔도에서 다양한 일을 하던 다양한 연령의 사람들이 들어오게 되는 곳이다. 이 말인즉 당신은 지금까지 전혀 만나지 못했던, 또는 군대에 오지 않았다면 앞으로 절대로 만나지 못할 뻔한 사람들을 만나게 되는 곳이기도 하다는 말이다. 나 역시 그림이나 만화 계통의 일을 하고 싶어 하던 사람으로서 인맥도 그쪽으로 치우쳐 있었다. 하지만 군대에 가서 지금까지와는 전혀 다른 종류의 사람들과도 친해질 수 있었고 당연히 그 인맥을 이어오고 있다. 정말로 친했던, 국악계에 종사하던 20대 후반의 선임도 지금은 좋은 형이 되었다. 연극과를 다니고 있어 앞으로 연예인 쪽으로 나갈 생각이라는 털털한 후임도 내가 군대에 가지 않고 지금 하려던 일만 계속해서 해왔다면 절대로 만나지 못했을 인맥이고 우정일 것이다. 또 아는가? 군대에서 정말 사이좋았던 선임이 전역해서 취직을 하니 회사의 선배가 돼 있을지?

2) 더욱더 돈독해지는 기존의 사랑

물론 예외도 있을 수 있다. 여자 친구와의 이별이라든지. 하지만 그 이상으로 기존의 사랑했던 사람들과 더욱더 돈독해지는 점은 정말로 큰 장점이다. 군에 입대해서야 더 절실해지는 부모님의 사랑. 많은 이들이 군대에 가서 오히려 부모님과의 사이가 좋아지는 경우를 많이 봤다. 또한 힘들 때 전화로 위로해주는 친구들. 정말로 보고 싶을 때 마음대로 보지 못하고 휴가 때나 볼 수 있었기에 그들의 소중함을 더 알게 된다. 그로써 그들과의 사이도 더 좋아지는 많은 경우들이 존재한다. 그리고 한 마디 더하자면, 입대하기 전이라면 더욱더 부모님과 가족을 소중하게 대해주라. 당신이 입대하고 그 고마움을 알게 되더라도, 군 안에서는 소중한 마음을 표현하기 힘드니 말이다.

4
사람들의 인정

이것은 사회생활의 첫 걸음과 밀접한 관련이 있는 사항이다. 우리 대한민국은 징병제가 지속되어 내려온 만큼 남자로서 인정받는 첫 단계라고 해도 과언이 아닌 대화가 군을 전역했느냐 혹은 아직 군대를 가지 않았느냐 하는 것이다. 인정하기 싫어도 어쩔 수 없고 외면하고 싶어도 현실이 그렇기 때문에 어쩔 수 없다.

군에 입대하고 무사히 전역한 것만으로도 일종의 '인정'을 받게 된다. 그 반대로 이야기하면, 군에 가지 않으면 인정을 못 받게 되며, 더 나아가 비난 받을 수도 있다는 말이다. 각종 병역 비리를 저지르고 군에 입대하지 않았다는 사실만으로도 사회적으로 매장되는 연예인들을 우리는 자주 봐왔다.

이렇게 해서 군대의 밝은 면과 어두운 면을 살짝 알아보았다. 지금까지의 글을 보고 느끼는 바는 읽는 사람마다 다를 것이다. 어떤 이는 겨우 '이따위 게 군대라니 별것 아니구먼!' 하고 코웃음 칠 수도 있을 것이고, 어떤 이는 입대를 앞두고 짜증을 낼 수도 있을 것이다. 또 어떤 이는 '참 요즘 군대 편해졌네?'라고 말할지도 모른다. 당신은 어느 쪽인가?

IV

해보자, 군 생활

이번 장에서는 어떻게 하면 군 생활을 더 잘할 수 있을지, 또 어떻게 하면 선임들에게 미움을 받게 되는지 등에 대해 이야기해보자. 하지만 군대도 사람 사는 곳이므로 사람 사는 곳에 '절대' 란 있을 수 없다. '이대로 하면 미움 받고 '왕따' 되고, 이대로 하면 최고의 후임병이 된다.' 라고는 장담하지 못한다. 하지만 당신이 군 생활을 하는 데 약간이나마 지침표가 될 수 있기를 바란다.

1
재미있는 군 생활

이번 장에서는 군 생활을 잘 보내고, 소위 말하는 개념이 들어찬 병사의 모습이 되기 위한 지침과 조언을 해볼까 한다.

1) 군 생활을 하는 마음가짐

솔직히 톡 까놓고 이야기해서 군 생활이 너무너무 즐겁고 재미있지만은 않다. 만약 그렇다면 당신은 천생 군인 체질이니 어서 장교나 부사관으로 지원하길 바란다. 대부분의 병사는 자신이 원해서 온 것이 아니라 국민의 '의무' 때문에 입대한 사람들이다. 그렇기 때문에 대개 즐거워하지 않으며 우울증에 걸리는 경우도 허다하다. 그것뿐인가. 시련을 이겨내지 못하고 자살하는 경우도 허다하니, 솔직히 말해서 쉽기만 한 것은 아니다. 하지만 어쩔 수 없다. 이미 입대한 이상 복무를 해야 한다. 불명예 전역을 하지 않는 이상 말이다. 하지만 이는 뜯어 말리고 싶다. 이에 대한 손해는 나중에 다루도록 하겠다. 이미 해야만 하게 된 이상 어떻게 할 것인가. 해야만 한다. 사회에서 자신이 해온 일들은 자신이 포기하고 싶으면 할 수 있지만 군 생활은 그렇지가 않다.

내가 여러분에게 조언해주고 싶은 것은 언제라도 긍정적인 마음을 잊지 말라는 것이다. 군 생활은 2년 정도 밖에 안 된다. 생각보다 금방 갈 것이다. 당신이 성인인가? 학창 시절 중, 고등학교의 6년, 중학교, 고등학교 하나씩만 생각해도 3년씩이었지만, 그 기간이 지금의 당신에게는 찰나와도 같은 시간이었던 것으로 느껴질 것이다. 힘들어도 '긍정적'인 마음을 갖도록 하자. 당신의 인생을 80년 산다고 가정할 경우, 겨우 2년일 뿐이다. 이 기간만 이겨내면 당신에겐 창창한 앞날이 기다리고 있다.

2) 예쁨 받는 후임병

당신이 지금 입대를 했다면 이등병에서부터 시작할 것이다. 장교나 부사관이 아닌 다음에야 이건 당연한 것. 여기에서 약간이나마 당신에게 예쁨 받는 후임병이 될 수 있는 길에 대해 조언하도록 하겠다.

■ **선임을 선임이라기보다 어른으로 생각하라**

사실 선임이라고 해봤자 나이대도 비슷하고 나보다 어린 경우도 허다하다. 하지만 어쩌겠는가? 이곳은 계급사회, 자존심 상하는 경우도 많고 여러 트러블도 있지만, 사실 거의 대부분의 문제와 자존심 문제는 고참을 '어른', 자신을 '아이'라는 가정 하에 둘 때 해결된다.

일종의 자기 최면인데, 선임을 어른이라고 생각하고 그에 걸맞게 대우해주면 어지간한 건 대부분 해결된다. 무거운 물건을 들고 있을 때 먼저 가서 들어주고, 선임이 자리 깔고 누워 있으면 그 자리에서 예의 지키고 앉아 있고…, 하는 식으로 지내는 것이 속 편하다. 더러워도 어쩌겠는가. 억울하면 먼저 왔어야지.

■ **선임이 시키기 전에 내가 먼저**

사실 이게 가장 하기 힘들면서도 이걸 해내느냐 마느냐가 나의 이미지를 좌우한다. 신병인 당신이 일이 어떻게 돌아가고 어디에 뭐가 있는지 알 리가 없다. 그렇기에 당신이 가장 먼저 파악해야 할 것은 일이 어떻게 돌아가는지, 또 뭐가 어디에 있는지 파악하는 것, 그리고 선임이 시킨 일들을 기억해 놓는 것이다. 이게 다 됐다면 이후는 간단하다. 선임이 시키기 전에 그걸 하면 된다. 그리고 자신의 이미지를 더 올리고 싶다면, 선임이 마침 보고 있는 순간을 노리는 것도 괜찮은 방법이다. 단 이럴 경우 안 하게 되면 볼 때만 한다는 안 좋은 이미지가 생길지도 모르니 그냥 무조건 다 해놓으라. 이것 하나만 기억 해두어라. '잘해놓으면' 당연한 거지만 '안 해놓으면' 천하의 놈팡이, 죽일 놈이 된다는 것을.

■ **'모르겠습니다' 가 아니라 '해보겠습니다'**

이 역시 신병들에게 주어지는 시련이다. 사실 뭔지 모르는 게 당연하다. 당신은 이곳에 온 지 얼마 안 됐으니까. 하지만 모른다고 '모른다!'라고 하면 선임들에게 예쁨 받기 힘들다. 예를 들면 드라이버를 가져오라고 하면 '어디 있는지 모릅니다.'가 아니라 '알겠습니다.' 하고 일단 나가서 어디서든지 찾아오라. 시킨 선임이 아닌 동기나 좀 친한 선임에게 물어서라도 찾아오라. 그것이 소위 말하는 '개념' 있는 후임병이다.

■ 남들이 잘못됐다고 하는 것은 잘못된 것이다. 그리고 가능하다면 선임에게 맞춰라

이는 전혀 다른 환경에서 살던 여러 사람이 한 군데 모여 살기 때문에 일어나는 현상이다. 각자의 생활환경이 다르고 상식이 다른 만큼 여러 가지 문제가 일어나기 마련이다. 나는 이래도 아무 상관이 없는데 상대방은 싫다고 한다. 그렇기 때문에 하나 알아두어야 하는 것이 있다. 만약 주변의 전우들이 내게 잘못됐다고 하는 점이 있으면, '이게 뭐가 잘못이냐?'고 생각할 것이 아니라, '잘못된 것이니 고쳐야겠다.'라고 생각해야 한다. 한두 사람이 아닌 다수가 잘못됐다고 한다면 잘되고 잘못 되고를 떠나, 적어도 '단체생활'인 군대에서 '단체'에게 피해를 주고 있다는 말이다. 그러면 당연히 트러블이 일어난다. 만일 그 점을 고치지 않으면 상대방도 피곤해지고 나도 피곤해질 뿐이다.

그리고 선임과의 사이에 트러블이 일어날 경우 가급적 선임에게 맞춰라. 그것이 편하게 일이 풀리는 지름길이며, 당신이 후임병과 마찰이 생겼을 때도 당신에게 할 말이 생긴다. 또한 대부분의 선임은 당연히 당신보다 오래 있었기 때문에 당신보다는 그의 편이 많다. 단체생활에서 모두와 함께 잘 지내고 싶으면 마찰은 가급적 피해야 한다.

■ **행동은 빠르게**

 이는 개인의 성격에 따라 많은 차이를 보이지만, 자신의 성격이 느긋하더라도 아직 내 위치가 낮을 때에는 어쩔 수가 없다. 가급적 '뛰어라.' 복도에서 달리라는 말이 아니다. 선임들과 무엇을 하든, 선임이 무엇을 시키든, 또는 어떤 행동을 하더라도 자신이 할 수 있는 가장 빠른 속도로 움직여라. 당신은 느긋할지 몰라도 당신의 선임들은 느긋하지 않다.

■ 재미있는 이야기를 한가득

선임과 가장 친해질 수 있는 기회는 바로 근무시간이다. 이때 재미있는 이야기를 많이 알고 있으면 선임과 즐거운 시간을 보낼 수도 있다. 그렇지 않으면 선임은 자버리고 나 혼자 근무를 서는 불합리함을 당할 수도 있다. 사실 군대란 남중 남고의 성향이 강해서 재미있는 이야기라 해봤자 대부분 여자 이야기다. 여자 이야기라면 눈에 불을 켜고 재미있게 들어주니 너무 어렵게 생각할 필요가 없다. 이 이야기의 요지는 '선임과 친해져라!'이다.

3) 존경받는 선임병

예쁜 후임이 있으면 존경받는 선임도 있는 법. 아무리 계급이 전부라지만 분명히 대우받는 선임과 홀대받는 선임은 존재한다. 당신이 이제 후임병을 벗어나 선임이 되었다면 좀더 좋은 선임이 되도록 이 글이 지표가 되었으면 좋겠다.

■ 솔선수범

이는 당연하면서도 하기 어려운 것 중의 하나다. 사람의 심리란 내가 어느 정도 위치에 있고 부릴 사람이 있으면 게을러지고 시키기만 하는 경향이 있다. 물론 당신이 일을 전부 다 해야 할 필요도 없고 군기가 상해서도 안 된다. 하지만 당신은 손 하나 까딱 안 하고 후임병들에게 다 시키기만 한다면 당신은 절대로 존경받지 못할 것이다. 아, 물론 당신이 말년이라면 예외다.

■ PX 갈까?

참, 어떻게 보면 유치하면서도 당연하다. 재밋거리가 적은 군대에서 그나마 즐기는 것 중 하나가 먹는 즐거움이다. 이 말은 후임병들에게 사주기만 하는, 소위 '호구 선임'이 되라는 소리가 아니다. 적절한 시기에 적절한 베풂. 예를 들어 후임을 엄청 혼낸 다음 먹고 풀자며 컵라면과 냉동을 쏘는 너그러움. 이것만으로도 인기 있는 선임이 될 수 있다.

■ 욕보다는 좋은 말로, 하지만 카리스마는 있게

사실 요즘 군대가 선임 입장에서 참 힘든 게 사실이다. 이전 군대에서야 욕을 밥 말아 먹듯이 썼을지도 모르지만, 요즘 군대에서는 그랬다간 상당한 피해를 볼 상황이 일어날지도 모른다. 뭐, 부대 사정마다 다르긴 하겠지만, 군대의 특성상 후임을 혼내고 교육해야 할 때는 반드시 있다. 없을 수가 없다. 요즘 같은 세대에 말을 안 듣는다고 구타를 하거나 욕을 하거나 하면 오히려 영창 안에 들어가 있는 자신을 보게 될 것이다. 그러므로 교육하려면 좋게 하되, 그렇다고 우습게 보여도 안 되니 자신의 카리스마는 유지를 해야 한다. 말도 안 돼는 소리지만 어쩔 수 없다. 당신이 후임병 때 바라던 선임의 모습을 연출해보라.

■ **권위와 친근함의 공존**

군대는 계급사회인 것이 현실인 이상 선임병이 된 당신은 권위가 아주 없을 수는 없을 것이다. 하지만 권위만을 앞세워 후임병들을 다룬다면 당신은 좋은 선임일 수 없고 존경받기도 힘들 것이다. 권위는 있지만 권위만을 내세우는 것이 아니라 후임병들 입장에서 한 번쯤 더 생각해주고, 친근감도 있으면서 적절한 권위를 가지고 있는 것이 좋은 선임병이라고 할 수 있겠다.

2
재미없는 군 생활

이제부터는 가급적 군내에서는 피해야 할 병사의 행동이나 그 외 기타사항에 대해 알아보고자 한다. 여기서 '군내에서는'이라고 말은 했지만, 사실 지금부터 서술할 내용은 단체생활의 기본이기도 하니 참고하기 바란다.

1) 피해야 할 마음가짐

후임병 때나 선임병 때나 '내가 아니라도 되겠지…' 하는 생각을 하는 것이 가장 위험하다. 군대란 단체생활이므로 당신이 하지 않으면 그 피해를 남이 당하게 된다. 당신은 당신에게 피해를 주는 사람을 좋아할 수 있겠는가? 만일 그렇다면 당신은 성격이 정말 좋은 사람이다. 하지만 대부분의 사람은 자신에게 피해를 주는 사람을 좋아할 수 없다.

또한 부정적인 마음 역시 피해야 할 것이다. 어차피 군대 내에서의 상황은 거의 변할 수 없다. 상황이 똑같아도 스트레스를 받느냐 안 받느냐는 개인의 마음가짐에서 온다. 누구는 시간이 잘 간다고 하는데 나는 시간이 잘 안 가는가? 그렇다면 생각을 조금만 더 긍정적으로 하고 즐겁게 보내도록 바꿔보라고 추천하고 싶다. 게임할 때와 공부할 때 시간이 다르게 가지 않던가. 당신이 체감하는 시간에 대한 느낌은 당신의 마음가짐에서 오는 법이다.

2) 미움 받는 후임병

군 생활에서 가장 조심해야 할 것은 후임병의 위치 때 이미지 관리를 잘해야 한다는 점이다. 후임병 때 미움 받을 짓을 하면 그 이미지가 군 생활 내내 남아 군 생활 자체가 괴로울 수 있다. 그러므로 후임병의 위치에서 피해야 할 사항들을 몇 가지 적어보도록 하겠다.

■ **귀찮다, 누군가 해주겠지**

이는 매우 잘못된 생각이다. 생각을 해보자, 군대는 계급사회이고 당신의 위치는 밑바닥이다. 그런데 누가 당신 대신에 일을 해주겠는가? 당신이 직장 상사고 부하직원이 있다고 가정해 보라. 그러면 느낌이 좀더 쉽게 다가올 것이다. 여기서 가장 문제가 되는 것은, 누군가 일을 해주지 않을 뿐더러 십중팔구 선임병들은 그 일이 안 돼 있을 경우 당신을 질책할 것이다. 조금 귀찮더라도 더 편하기 위해 그냥 당신이 하는 게 좋다. 어차피 해야 할 거라면 욕먹고 하는 것보다는 미리 해놓고 칭찬 받는 게 좋지 않겠는가?

■ 움직이지 않는 나

이 말은 당신이 그냥 가만히 서 있기만 한다는 소리가 아니라, 선임병들이 뭔가를 시켜야만 움직이는 당신을 이야기하는 것이다. 군부대는 절대로 그 순간순간마다 일이 없을 수가 없다. 당신이 지금 당장 할 일이 없는 것 같아도 조금만 찾아보면 일이 있을 것이다. '그렇게까지 일을 찾아서 해야 되냐?'라고 묻겠지만, 다행히 그 일거리를 선임들이 모른다면 문제가 없다. 하지만 그 일거리가 발견되면 당신은 '넌 이거 안 하고 뭐했냐? TV 보고 앉아 있냐?'라며 1시간 넘도록 잔소리를 듣게 될 것이다. 10분이면 끝냈을 일 가지고 1시간 넘게 시간을 뺏긴다니…. 장기적인 측면에서 당신은 움직이는 게 이득이다.

■ 나만의 방식이 있다!

그래, 당신은 약 20여 년을 살아오면서 당신만의 생활방식과 당신만의 일처리 방법이 있을 것이다. 하지만 여기서는 융통성을 발휘해야 한다. 당신의 방식을 선임들이 인정해주면 다행이겠지만 인정해주지 않는다면? 미안한 말이지만 트러블을 줄이기 위해서라면 가급적 양보하라. 로마에 가면 로마법을 따르라고 하지 않았는가. 이 집단에서는 이 집단의 방식이 있는 것이다.

■ 이곳은 단체생활이다

당신이 또 기억해두어야 할 것은 이곳이 단체생활이라는 것이다. 당신이 지금 무슨 일을 하든, 군에 가면 당신과는 전혀 새로운 삶을 살아온 사람들과 만나게 될 것이다. 국악을 하던 사람이나 사체업자를 하다 온 나보다 나이 많은 후임이거나…. 그 모든 사람들이 당신에게 맞춰줄 수는 없다. 물론 당신도 그들에게 다 맞춰줄 수는 없다. 하지만 이곳은 단체생활, 서로가 서로의 방식에 양보를 하고 맞춰주어야 한다. 당신이 지금까지 지녀온 개인주의 방식으로만 군 생활을 하려 한다면, 당신은 너무 쓸쓸한 군 생활을 보내게 될 것이다.

■ **아직은 밑바닥이야**

당신이 군 생활을 서너 달 정도 했으면 후임병이 한둘 정도는 들어왔을지도 모른다. 후임병이 들어왔다고 신나는가? 혹시 일을 은근 슬쩍 미루지는 않는가? 착각하지 마라. 당신은 아직 졸개다. 후임 몇 명 들어왔다고 일거리를 미루다가는, 선임들에게 '벌써부터 빠졌다.'라는 소리를 들으면서 당신의 귀여운 후임들 앞에서 망신당할지도 모른다.

■ **그걸 꼭 알아야 돼?**

이건 여러 가지가 있다. 사실 사회에서 전혀 알 필요도 없는 것들을 군대에서는 익히고 외워야 한다. 군 주특기라거나 그 외의 생활규칙 등등…. 하지만 당신이 현재 군인인 이상 익혀야 할 뿐이고, 그런 생각을 가지고 있다면 당신의 선임들도 당신을 좋게 봐줄 리가 없다. 또한 이것은 나중에 선임병이 되었을 때 큰 문제가 될 수도 있다.

3) 피하고 싶은 선임병

군대 이야기를 듣다 보면 '먹혔다'는 말을 가끔 들어봤을 것이다. 내가 선임인데도 선임 대우를 받지 못하고, 후임병들이 '내가 걔 먹었어!' 이러고 다닌다면 얼마나 위엄이 깎이겠는가. 또한 군 생활을 헛것으로 한 게 아닌가 싶을 만큼 허탈하기도 할 것이다.

■ 아무것도 모르는 선임

앞장 마지막에 언급한 것과 연관돼 있는 것으로서, 설령 당신이 후임병이라 해도 당신에게 아무것도 가르쳐주지 못하고 오히려 당신보다 군 생활에 대해 모르는 선임이 과연 선임처럼 보이겠는가? 그렇기 때문에 밑바닥에 있을 때부터 여러 가지를 익혀놔야 한다고 이야기를 하는 것이다.

■ 이미지가 바닥인 선임

이 역시 밑바닥에서부터 잘해왔어야 하는 것이다. 군대생활은 단체생활이다. 게다가 고립된 그들만의 세상이어서, 그만큼 이미지가 안 좋으면 그 소문은 곧바로 후임병들에게 알려지게 되고, 그들 역시 자신의 이미지를 위해서 당신과 접하기를 꺼리게 될 것이다.

■ 계급을 내세우며 자신 밖에 모르는 선임

 어느 사회나 이기심으로 똘똘 뭉친 사람은 배척되기 마련이다. 한정된 인원으로 고립된 군 생활을 하는 장병들은 어떻겠는가. 자신만 생각하는 행동을 하는 사람은 금방 표가 나기 마련이고, 그만큼 후임병들은 당신을 피하게 된다. 그러다 트러블이 잦아지면 결국 무시 받는 위치까지 가게 될 것이다.

■ 착하기만 한 선임

 착하다는 것은 매우 좋은 점이다. 나는 군 생활에 대해 확실히 까발리는 책을 쓰고 싶기에 이 부분을 다루기로 한다. 앞서 말했듯 착하다고 무시 받으면 말도 안 되는 일이다. 하지만 군대란 사방팔도에서 별의별 사람이 다 모이는 곳이다. 선임이 착하면 그 선임을 존경하며 자신도 잘하려고 노력하는 사람이 있는가 하면, 선임이 착하고 유약하다 점을 악용해서 자신이 편하게 지내려 드는 사람도 있다. 물론 100%는 아니지만 그런 사람들이 있기에, 당신은 아니지만, 너무 착하기만 하면 당신을 먹으려 드는 후임이 생길지도 모른다. 무분별한 갈굼이 있어서는 안 되겠지만, 후임병이 잘못한 것은 확실히 혼내는 면모도 있어야 할 것이다. 착한 것과 만만한 것은 엄연히 다르다는 것을 인지하도록.

■ **공포의 대마왕**

　단순히 자신의 계급을 내세우는 데서 끝나는 것이 아니라, 말 그대로 공포 정치를 하는 선임병을 말한다. 폭언, 욕설에 심하면 구타까지. 대부분의 부대에서 구타는 거의 사라졌지만, 사실 폭언과 욕설까지는 대부분 남아 있는 게 현실이다. 공포로 후임병들을 다룰 경우 말도 잘 듣고 무시 받는 일도 없을 것이다. 하지만 그것은 표면적일 뿐 당신을 절대 좋아하지는 않는다. 혹시나 도가 지나쳐 영창에 가지 않기를 바랄 뿐이다.

3

트러블을 해결하자

사회에서도 당신과 잘 알고 지내던 친구들과 트러블이 생겨 다툰 기억이 있을 것이다. 아무렴 군대도 사람이 사는 곳인데 그런 일이 없을까. 또한 계급사회인 만큼 사회에서의 트러블과는 그 느낌도 다르다. 자주 일어나는 트러블을 이야기해보고 그 해결법을 이야기 해보고자 한다

1) 나를 무시하는 선임, 후임 이미지는 바닥

당신은 딱히 잘못한 것도 없고 실수한 것도 없다. 하지만 왠지 모르게 선임과 후임들이 무시하고 깔보는 상황이 일어났다. 하지만 이 때 당신이 잘 알아두어야 할 것이 있다. 단체생활인 만큼 절대 아무 이유 없이 당신을 무시하거나 멸시하지는 않는다. 이는 당신의

평소 행실 등에서 뭔가 실수가 일어났음을 말해준다.

　이런 상황에서는 사실 방법이 딱 하나밖에 없다. 즉 당신이 바뀌는 수밖에 없는 것이다. 어차피 일은 틀어졌다고 하지만, 당신이 지금이라도 이미지를 개선하려 한다면 남들이 알아줄 것이다. 하지만 행동을 계속 지금처럼 한다면, 그 이미지를 벗어나기 힘들 것이다.

2) 선임이나 후임과 다퉜을 경우

　당신이 지금 선임병이라면 다행이지만 후임병일 경우에는 일이 좀 귀찮게 될 수도 있다. 어찌 됐든 같은 전우와 다툰 것은 문제가 된다. 후임이 선임과 다툰 것은 상황에 따라 다르겠지만, 아무래도 '개겼다'는 인상이 강하게 남기 때문이다. 당신이 선임이건 후임이건 어쨌든 이 상황을 해결하기 위해서는 어서 다툰 사람과 PX에라도 달려가 잘 푸는 수밖에 없다. 사회에서라면 다투거나 정말 마음에 안 들면 무시하고 돼지라고 생각할 수도 있지만, 이곳은 계급사회이고 당신은 2년 여 동안 그 사람과 얼굴을 마주하고 살아야 한다. 또한 명령에 의해 움직이는 군인이 그 사람과 마주치고 싶지 않다고 해서 자기 마음대로 될 리 만무하다.

　어찌 됐든 간에 조금 마음에 안 들더라도 양보하고 자존심 약간만 숙이고 풀도록 하자. 사회처럼 '보기 싫으니까 안 봐.' 할 수 있는 곳이 아니다. 막말로 전쟁 일어났는데 둘이 싸우고 있을 것인가?

3) 간부와의 트러블

이는 심각하다면 심각하고 아니라면 아닌 문제인데, 간부와의 사이에 트러블이 일어나면 솔직히 당신이 이득 볼 것은 거의 없다. 학교에서 선생님들한테 찍혀서 이득 볼 게 있었던가? 당신의 포상 휴가 역시 간부들이 주는 것이다. 간부와 트러블이 생겼을 경우 정말로 불합리한 게 아니라면 무조건 숙이고 들어가라. 정말 불합리해서 그냥 당할 수 없는 일이라면, 그 간부와 일을 키우지 말고 어지간하면 잘 풀어 나가도록 하라. 그러나 정말로 불합리한 부조리(예를 들면 돈 문제 등)가 있을 때는 그보다 더 위의 간부에게 이야기하여 해결하도록 하라(물론 이때는 사람을 잘 골라야 한다). 간부와 친해지면 이득 볼 게 많지만, 그 반대라면 그만큼 손해 보는 건 자신이다.

4) 말도 안 되고 불합리한 내무 부조리

요즘 세상에 폭언, 욕설, 구타가 있는 부대가 많이 줄었다고는 하지만, 솔직하게 말해서 0은 아니다. 0이 됐다면 최근 일어나는 해병대 사고 등이 터질 리 없으니까 말이다. 군 특성상 어쩔 수 없는 일이라면 어쩔 수 없고 개혁해야 한다면 반드시 개혁해야 하지만, 그게 말처럼 쉽겠는가? 당신이 만약 정말로 불합리하고 인간으로서

치욕적인 고통을 당하고 있다면 많은 고민이 될 것이다.

나도 군대를 나왔으니 알지만 소위 '찌른다'라고 말하는, 즉 간부에게 그 사실을 이야기하고 난 뒤 후속 조치가 미흡해 보복성 괴롭힘을 당하거나 부대원들 사이에서 그 정도 가지고 간부에게 찔렀다며 '왕따' 당하지나 않을까 하는 걱정이 생길 것이다. 하지만 내 경험으로 봐서 이는 알리고 조치를 받는 편이 좋다. 물론 전부 보고하고 그러라는 건 아니다. 어느 정도 양보를 하고 그러려니 하고 넘어가야 될 부분도 단체생활에서는 분명히 있다.

내가 이야기하는 것은 정말로 불합리한 가혹행위 등을 말하는 것인데, 당신이 그 일을 해결할 수 없고 괴롭힘도 받기 싫다면, 그 일을 해결해줄 수 있는 건 간부들뿐이다. 방치하다간 더 큰 사고나 당신이 참지 못할 큰일이 터질 수도 있으니, 용기를 내서 알리는 편을 추천하고 싶다. 이후의 보복이나 '왕따' 등이 걱정되어 알리지 않고 계속 괴롭힘을 받으면 당신은 지속적으로 괴로움 가운데 지내야 한다. 물론 알려서 일이 잘 해결되지 않을 경우도 있지만, 일이 잘되어 다 원만하게 해결되면 당신은 그 고통에서 해방되는 것이다.

5) 밖에서 터진 사고

군 생활을 하면서 심적으로 가장 크게 힘들게 하는 사고의 부류가 이것이다. 여러 가지 경우가 있을 것이다. 여자 친구가 이별을 통보를 했다거나 부모님이 다쳤다거나 하면 정말 환장할 노릇이다. 가장 문제는 당신이 나갈 수 없다는 사실이다. 궁금하고 당장 달려가고 싶어도 당신은 군인의 신분이어서 마음대로 나가지도 못하는 상황. 이럴 때는 혼자 속을 끓고 있어봤자 아무 발전도 없을 뿐더러 고민 때문에 일이 잘될 리도 없다. 지금 당장 중대장이나 행보관급 간부에게 달려가서 자신의 사정을 말하고 타협책을 찾도록 하라. 지금 당신을 도와줄 수 있는 것은 그들뿐이다.

  이렇게 해서 군 생활에 대한 마음가짐과 후임병, 선임병으로서의 자세에 대해 간략하게 알아보았다. 한 번 더 강조하자면, 단체생활인 군대에서 가장 기본이자 중요한 것은 단체의 룰(rule)을 잘 지키는 것, 그것만 잘하면 생활하는 데 크게 어려움이 없을 것이라는 점이다. 또한 어차피 해야 할 군 생활 약 2년여의 기간을 나라를 위해 봉사해야 된다면, 마음가짐 역시 긍정적으로 가지는 게 중요하다. 어차피 당신이 처한 상황은 변하지 않을 테니까.

6) 틀린 사람은 없다, 다만 당신과 조금 다를 뿐이다

  꽤 유명한 이야기니 많이들 들어봤을 것이다. 나는 이 이야기를 군단 군종참모 법사님에게서 들었다. 군대란 누누이 이야기하지만 전국 팔도에서 다양한 사람이 오는 곳이다. 그러므로 그들의 사고방식이 당신과 다르다고 해서 그들이 틀렸다고 말할 수는 없다. 그들은 틀리고 나만 맞다. 그러니 나에게 맞춰라! 그렇게 행동한다면 결국 그도 당신도 서로 상처만 입을 뿐이다. 서로를 미워하지 말고 이해하려 해보라. 그러면 당신의 스트레스도 조금은 줄어들 것이다.

7) 절대, 절대, 절대 포기하지 말라

정말 군 생활을 하다 보면 다 포기해버리고 싶을 때가 너무나도 많을 것이다. 나 역시 그런 순간이 있었고 한순간 다 포기해버릴 뻔도 했었다. 하지만 당신이 포기한다고 해서 변하는 것은 아무것도 없다.

이는 군대뿐만 아니라 사회에 나가서도 마찬가지다. 아무리 안 풀리는 퍼즐이라도 열심히 풀다 보면 어느 순간 자신도 모르게 풀어버렸던 기억이 다들 한둘쯤은 있지 않은가? 포기하지 않고 계속하다 보면 언젠가 길은 열리기 마련이다. 어떤 시련과 고난이 와도 절대, 절대, 절대, 절대로 포기하지 말라. 군 생활이 아무리 힘들어도 2년에 불과하다. 당신에게 남은 시간은 60년 이상이다!

4
군대를 두려워하지 말라

군 생활, 사실 별것 없다. 나도 입대 전에 너무도 입대하기 싫어서 방위산업체 등을 알아보기도 했지만, 별 다른 능력도 의지도 노력도 없었기 때문에 울며 겨자 먹기로 입대를 했다. 결국 지금은 잘 전역해서 이런 글도 쓰고 있지 않는가?

군대, 정말로 별것 없다. 당신이 해온 중, 고등학교 6년의 3분의 1 밖에 안 되는 기간이다. 입대 전에 선배나 주변 사람들로부터 군대의 부정적인 이야기를 자주 듣고 허풍도 많이 들었을 것이다. 하지만 당신이 한번 더 상기 시켜야 될 것은 거기도 사람 사는 곳이라는 사실. 군에 입대하면 사람들이 모두 악마가 된다던가? 그렇지 않다. 학교에서도 그랬을 것이고, 앞으로 사회생활을 하면서도 그럴 것이고, 군에서도 마찬가지다. 좋은 사람들도 많고 어느 곳을 가든 자신과 안 맞는 사람은 반드시 한 명 이상 존재한다.

지금까지와는 다른 생활을 해야 하니 당연히 처음에는 적응이 안 될 것이다. 하지만 기간이 지나고 적응이 되면 거기도 사람 사는 곳이다. 너무 무서워하지 말라. 당신이 지금 잘하는 게임이 있다면, 그 게임을 처음부터 지금처럼 잘했는가? 그렇지 않을 것이다. 누구나 처음에는 익숙지 않고 서툴기 마련이다. 서툰 것이 당연하고, 지금은 겁날지도 모르지만 해보면 다 별것 아니다. 두려워하지 말고 당당하게 나아가자. 당신은 이것보다 더 힘든 것을 이겨왔고 더 힘든 것도 겪을 것이다. 막말로 우리의 인생으로 보자면 군대 기간은 '따위'에 불과하다. 군대 생활 따위에 겁먹어서야 당신의 자존심이 울지 않겠는가?

나의 군 생활

【

　나의 군 생활을 한번 이야기해볼까 한다. 나는 솔직히 말해서 초반에 군 생활을 그렇게 잘하지 못했다. 하지만 그 덕에 좀 특별한 케이스로 군 생활을 하게 됐다. 이 책을 읽는 사람들에게 약간의 재미를 주고 도움이 되면 좋겠다는 심정으로 이야기해보도록 하겠다.

】

1
나의 군 생활 전반부

1) 사회에서 군대로…, 입대

다들 알고 있겠지만 남자라면 면제가 되든 입대를 해야 하든 맨 처음 통과해야 되는 의식이 있는데, 그것은 바로 신체검사(줄여서 '신검')이다. 나 역시 신검을 받아야 하는 시기가 되었다. 신검을 받으러 지정된 장소로 가서 신체검사를 받고, 신체등급을 감정 받고, 현역 대상인지 그 외의 대상인지 검열을 받게 되어 있다. 사실 신체검사를 받으러 부모님의 차를 타고 갈 때도 정말로 죽을 맛이었다. 아마 신검을 받은 남자라면 한번쯤은 이렇게 상상했을 것이다.

'나는 정말 아무 이상도 없지만 맨 처음 들어선 신체 검사장에 가면 뭔가 기적이나 기계적 오류가 나타나 4급이 뜨는 바람에 공익 판정(또는 면제)을 받게 되지 않을까?!'

이런 상상을 말이다. 남자는 망상하는 생물이라고 하지 않는가. 나 역시 당연히 그런 생각을 했고, 검사받는 내내 다음 검사에서는…, 다음 검사에서는…, 기적이 일어날 거야, 하고 생각했다. 참 그때는 왜 그랬는지…. 어쨌든 검사장에서 검사받는 나를 포함한 모든 남자들 사이에 묘한 긴장감과 기대감이 감돌았다. 그런 분위기 속에서 검사장 측에서 준비해준 푸른 검사복을 입고 검사를 시작했다. 검사는 크게 나눠 기본적인 심리검사, 신체검사 등으로 이루어지고, 심리검사는 간단한 문제 풀이 식으로, 신체검사는 정말 솔직히 말해서 초등학교 때 하던 검사, 딱 그 수준으로 진행했다. 시력이나 기본적인 검사를 하고, 뭔가 본인에게 그냥 간단한 진단으로 체크할 수 없는 큰 문제가 있다면 신검할 때(예를 들어 관절염 등) 미리 병원에서 서류를 준비해 가서 제출해야 한다. 이것에 대한 문제점을 말하고 싶지만 일단 뒤로 미루겠다. 진행 방식도 학교에서 검사하듯 줄을 쭉 서서 받는다. 앞줄 사람이 이야기가 길어지거나 뭔가 특별한 조짐이 보이면, '혹시 저 사람은 면제인가?' 하는 묘한 궁금증과 '그렇다면 부럽군.' 하는 여러 가지 감정이 교차한다.

하지만 역시 신체검사의 묘미는 맨 마지막에 판정받을 때가 아니겠는가? 이게 또 대박인 게, 마지막에 컴퓨터 모니터로 자기가 현역인지 공익인지 등을 표시해주는데, 이게 정말 웃긴다. 현역 판정이 뜨면 신체등급과 함께 '축하합니다! 현역 대상입니다!'라는 화면이 뜨면서 군 캐릭터가 아주 해맑게 웃어준다. 그리고 우리는 얼굴이 구겨지고.

면제나 공익 등이 뜨면 약간 아쉬운 듯한 멘트가 나오는 걸로 기억하는데, 솔직히 신검 받는 입장에선 그때 입가의 웃음을 억제할 수가 없다. 주변 분위기상 크게 웃지는 못하지만, 나는 아직도 내 앞에서 공익 판정을 받은 사람의 썰룩거리는 입가가 잊히지 않는다. 어쨌든 나는 해맑은 군 캐릭터의 '축하해, 당신은 1급이라서 현역이야'(이런 멘트는 아니지만), 하는 사형선고 같은 판정을 받고 부모님의 차를 타고 집으로 돌아왔다.

여기까지가 신체검사를 받을 때의 과정과 감정이었다. 지금은 실질적으로 이 시스템에 정말 문제가 많다고 생각한다. 사실 나는 심각한 우울증을 가지고 있었다. 검사를 진행하던 우울증 검사 의사도 문제가 꽤 심각하니 병원 한번 다녀오지 그러냐고 말은 했지만, 그냥 서류에는 일단 통과로 기재하여 다음 검사로 진행됐고, 최종적으로는 신체등급 1등급의 아주 건강한 현역 입영 대상이 되었다. 물론 사람이 많고 일일이 제대로 된 검사를 할 수 없다는 것은 알고 있다. 하지만 뭔가 조짐이 보인다면 적어도 재검사 대상 같은 판정을 만들 수 있지 않았을까? 또한 신체검사도 정말 문제가 있는 것이, '자신의 문제를 알기 위해' 신체검사를 받는 건데 그걸 미리 준비해 오라는 건 사실 언어도단이다. 얼마 전 미디어에서 본인조차 병에 걸린 줄 모르고 입대했다가 병 때문에 사망했다는 뉴스가 있었다. 병무청은 신체검사의 진행을 좀더 전문적인 의식을 가지고 보다 전문가를 영입하여 세분화할 필요가 있다고 생각한다. 물론 사람이 한두 명도 아니고 대한 건아들을 모두 검사하는 게 힘든 것은 알고 있지만, 자신도 모르고 있는 경우도 있는데 서류를 준비해 와야만 적용을 시켜주는 건 좀 그렇지 않은가? 또한 정신과 쪽의 감정…. 이 시스템도 좀 변할 필요가 있을 것 같다. 심적으로 불안

한 상태의 사람을 그냥 귀찮으니 야매로 1급 줘버리니까 요즘 같은 해병대 사고가 터지는 게 아닌가??

어쨌든 안 좋은 일은 겹친다고 하던가. 20대 초반 나에게는 이런 저런 안 좋은 일들이 좀 많이 일어났다. 대부분 집안 문제였는데, 설상가상으로 일도 안 풀리니 친구들 사이에서도 문제가 생기는 등 20대 초반 내내 우울증에 걸려 생활했었다.

하지만 사람은 적응하는 생물이라고 하지 않던가? 한동안 우울증으로 지내다가 조금씩 회복되어 군 입대 몇 개월을 앞두고 있었다. 그리고 어쩌다 친구들과의 모임에서 예전의 여자 친구를 만나 여차저차 하다가 사귀게 되었다. 우울증을 앓고 막 회복되고 있었던 때라 그 친구에게 더 의지하게 되었고 거의 퍼다 주다시피하면서 연애를 하게 되었다. 그래서 그런지는 몰라도 더 군 입대를 하기가 싫었다. 이제 와서 면제받을 방법은 없으니 방위 산업체 나 군 병역 특례직 등을 알아보았지만 그때 나의 실력으로는 턱도 없는 상태였다.

나는 게임 일러스트 분야의 산업체를 알아보고 모 게임 직업 사이트를 통해 이력서를 정말 열심히 넣었다. 내가 그 정성으로 공부를 했다면 서울대학교에 들어가지 않았을까 싶다. 어쨌든 아직 실력이 받쳐주지 않았기 때문에 특례로 뽑아주는 회사는 없었다. 결국 포기하고 그냥 현재를 즐기다가 입대하기로 했다. 그리고 입대 당일 여자 친구와 어머니의 배웅을 받으며 눈물을 머금고 마치 한 편의 드라마를 찍듯 이별의 쓴 눈물을 마시며 입대를 했다.

■ 알아두면 좋을지도 모를 신검과 입대 전 팁

물론 대부분의 내용은 입영 통지서나 병무청 등에서 주지만, 간단하게 짚고 넘어가보자. 앞에서도 말했지만 신검 수준은 초등학교 때의 수준과 별 차이가 없다. 당신에게 군 입대에 지장이 될 만한 신체상의 문제가 있다면, 미리 병원에서 진단서를 준비해서 가야 한다. 또한 정 군대가 싫다면 '병영특례'가 적용되는 직장을 찾아보거나 '방위산업체' 등을 통한 대체 복무 방법도 있다. 하지만 어느 쪽이든 잘리거나 회사가 해체되거나 하여 일이 잘못되기라도 하면 군대에 가야 한다. 가수 싸이 씨가 비슷한 케이스로 군대 두 번 간 남자 타이틀을 확보할지도 모르니, 확실한 것이 아니라면 그냥 군대를 가자.

■ 알아두면 좋을지도 모르는 입대 전의 상식

① 102, 306….

앞서 말했지만 102 보충대와 306 보충대로 갈 경우에는 자신이 원하는 곳으로 택하기 바란다. 102는 1군 지역(강원도 지역), 306은 3군 지역(경기도 지역)이므로 자신의 집과 가까운 곳으로 가면 더 좋지 않겠는가?

② 시계는 전자시계

혹시 비싼 시계나 기계식 시계를 차고 있으면 적당히 싼 전자

시계를 사서 입대하자. 비싼 시계는 흠집이 나기 마련인 데다, 사실 자대 가면 못 쓰게 하는 부대도 많다. 부대에서는 전자시계가 최고다. 야간에도 시간을 봐야 할 경우가 많으니 반드시 라이트가 들어오는 것으로, 그리고 방수가 되는 것으로 준비하면 더 좋다.

③ 몸만 가라

정말 지갑이나 시계 같은 물품을 제외하고는 들고 가지 마라. 가끔 TV를 보면 수저를 들고 오는 사람도 있던데, 이는 멍청한 짓이다. 쓰지도 못할 뿐더러 어차피 택배로 집으로 다 돌려보내야 한다. 기본 물품은 부대에서 다 보급이 나오므로 필요 없는 것들은 들고 가지 말자.

④ 각종 자격증은 챙겨라

운전면허나 그 외 기타 도움이 될 만한 자격증을 챙겨라. 보충대에서 운전 면허증 보유자 등을 따로 불러 1차 분류를 한다. 그러므로 혹시 모르니 각종 군에서 쓸 만한 자격증 몇 가지는 지갑에 넣어서 가도록 하자.

2) 102 보충대

　나의 경우는 대학 재학 중이어서 병무청 사이트에서 나 자신이 입대 날과 입대 장소를 고를 수 있었다. 슬슬 군대 입대 신청을 해야겠다고 생각하는 시기에 사람들이 많이 몰려서 그런지 내가 적당하다고 생각한 6월경엔 사람이 거의 차 있었고 남는 날짜는 6월 30일, 102 보충대 입대밖에 없었다. 나는 선택의 여지가 없었다. 시스템도 잘 몰랐기 때문에 그냥 그것을 선택하여 입대 날짜를 잡았다. 이걸 선택해야 되는 사람들이 있다면 이 시스템에 대해 말해주겠다.

　사실 입대 전에 이 시스템에 대해 잘 알았더라면 102 보충대로 입대하지 않았을 것이다. 이는 무슨 소리인가 하면, 신병이 입대하는 곳은 논산 훈련소, 102 보충대, 306 보충대가 있는데, 102 보충대는 강원도 지역, 306 보충대는 경기도 지역(100%는 아니다. 분류를 통해 소수는 반대로 갈 수도 있다)으로 분류를 받기 때문이다. 혹시 대학생이라는 이유로 입대 원서를 자신이 쓴다면 참고하기 바란다. 강원도 지역은 1군 지역이고 경기도 지역은 3군, 그리고 뒤의 후방 쪽은 2군이다. 그래서 1군은 '1'02 보충대, 3군 은 '3'06 보충대이다.

　어쨌든 앞서 이야기한 눈물의 이별을 한 후 여자 친구와 어머니를 뒤로 하고 102 보충대에 입대했다. 입소를 하자 정말 많은 사람들이 있었다. 팔에 미역을 그린 사람부터 왠지 몰라도 머리를 안 자르고 온 사람 등 정말 사방 팔도에서 다양한 사람들이 모여와 있었다. 그 많은 인원은 학교에서 반을 나누듯 대충 20~30명 정도씩 생활관을 분류해 인원을 나눈다. 그렇게 생활관 배치를 받고 나면 정말 말로 설명하기 힘든 긴장감 속에서 입대했는데도 불구하고 '기적이 일어나 집으로 갈 수 있지 않을까.' 하는 말도 안 되는 기대를 하게 된다. 나만 그런 게 아니다. 우리 동기들은 '무슨 오류가 생겨 집에 갈 수 있지 않을까?' 하며 서로를 위로했었다.

보충대에서 보내는 기간은 매우 짧다. 3일 정도인데, 그 기간은 기본적인 군 제식(발을 맞춰서 걷는 법, 경례법 등)을 훈련하고 군복 등의 피복을 받으며 대기하는 기간이다. 훈련소의 추억과 기억이라고 하면 역시 군 피복을 받고 자신이 원래 가져온 짐과 옷을 작은 우체국 상자에 담아서 택배로 집으로 돌려보내는 것인데, 여기서 당연하지만 편지 한 통을 같이 보내게 해준다. 나도 여러 가지 감정으로 그 편지를 적었었다. 이것도 정말 진풍경이다. 당연히 책상이 없기 때문에 침상에 누워서 쓰거나 상자를 책상삼아 쓰고들 하는데, 감정을 이기지 못해 우는 사람도 있고 덤덤한 사람도 있다. 사람마다 정말로 많은 사정이 있지 않던가.

또한 한 가지 알아둬야 할 것이 있다. 진짜 내 인생에서 먹어본 밥 중에 최~고로 맛없는 밥을 꼽으라면 바로 훈련소 밥이다. 최고다. 진짜 대박이다. 말로 그 감정을 전부 설명할 도리가 없다. 진짜, 지금 생각해도 그걸 어떻게 먹었는지 모르겠다. 내가 입대한 시기는 아무래도 여름이라 찬물밖에 안 나왔는데, 설거지도 전부 찬물로 하는지 식판은 기름으로 코팅이 되어 있다. 겉으로 보기엔 멀쩡해도 만지면 손에 기름기가 철철 느껴진다. 거기에 밥을 받아먹는 기분이란 찝찝함을 넘어…, 이루 말할 수가 없다. 거기다 맛도 정말 없다. 생전 요리해본 적 없는 내가, 정말로 내가 만들어도 그거보다

낫겠다 싶을 정도다.

그런 열악한 환경에서 며칠 지내는 동안 '아, 집이 정말로 행복한 곳이었구나.' 하는 감정을 느끼면서 시간을 보냈다.

■ 알아두면 써먹을 데가 있을지도 모를 보충대의 팁

며칠 지내지 않으므로 사실 크게 알아둬야 할 사항은 없다. 다만 이곳에서 한 가지 알아두면 좋을 것은, '피복'을 받을 때 솔직히 이유는 모르겠지만 왜인지 조교들이 죄다 자기 몸보다 좀 큰 걸 주려 한다. 나는 솔직히 재고 정리하려고 그러는 거 아닌가 하는 추측을 한다. 이에 관해 몇 가지 팁을 주자면 다음과 같다.

① 군화

군화는 두 개를 받는다. 보통 자대로 가면 휴가 전용과 일반용으로 구분을 짓는다(국방부에서는 두 개 다 쓰라고 주는 거지만). 하지만 진짜 이 군화가 정말 길이 안 들면 뒤꿈치에 물집이 잡혀 다 까지고 만다. 여하튼 정말 신기 힘든 신발 중의 하나인데, 이에 관해 팁을 주자면 고를 때 깔창을 넣을 것을 고려해서 크기를 고르는 게 좋다. 사실 깔창을 까나 안 까나 발바닥에 물집 잡히는 건 똑같지만 심적으로는 위안이 된다. 또 하나는 약간 더 큰 걸 고르는 게 좋다. 보통 휴가용이라고 신지 않고 두기 때문에 휴가 나갈 때 당연히 길이 안 들어 있다. 그렇기 때문에 약간 큰 게 신기는 편하다. 물론 이런 게 국방부에서 원하는 것은 아니지만.

② **피복**

대부분은 알아서들 잘 고르겠지만, '야상'(야전 상의의 줄임말)이라고 불리는 일종의 파카는 약간 큰 걸 고르는 게 좋다. 그 이유는 이것을 입는 계절이 동계라는 것을 삼기하면 된다. 이것은 군복 위에다만 걸치는 게 아니라 속옷+내복+군복+깔깔이 위에 걸치는 것이기 때문에, 사회에서 꼭 끼게 입던 기억을 살려 크기를 고르면 옷 자체를 못 입게 되는 불상사가 일어날 수 있다. 그리고 더 신기한 건 그렇게 껴입는데도 겨울에 춥다는 사실.

3) 102 보충대에서 2사단 노도 훈련소로

　기본 피복을 받고 102 보충대에서 나는 2사단으로 배치되었다. 배치 현황은 생활관에 설치된 TV로 방송해주는데(쉽게 이야기하면 교장 선생님이 교무실에서 각 학급에 방송을 쏘는 느낌이다), 배치 방식에 '부정은 없다'는 걸 강조하며 컴퓨터로 무작위로 돌리는 방식을 보여주었다. 그것을 확인하기 위해 몇 명의 입대자 부모와 입대자가 같이 컴퓨터 스위치를 몇 번 돌리는 장면이 보였다. 아무래도 소위 말하는 '빽으로 군대 쉬운 데 가는 건 없다.'라는 것과 공정성을 보여주기 위한 이벤트였다. 그렇게 돌려서 나온 유인물을 우리에게 전달했고, 그렇게 해서 각 사단으로 배치되었다. 나는 '2사단 노도 신병훈련소'라는 곳으로 배치되었고, 입대 동기들도 각 부대로 배치를 받았다.

　각자 헤어져 각 훈련소로 가기 전날 동기들은 서로 사회에서 들은 지식을 바탕으로 '몇 사단은 정말 힘들다는데…, 어디는 정말 편하다는데…' 하면서 서로 마지막으로 담소를 나누며 밤을 보냈다. 조금 친해진 동기들은 나중에 전역해서도 연락하고 지내자며, 그렇게 인사를 하고 다음날 훈련소로 출발하는 버스를 타고 각 훈련소로 떠났다. 물론 당연하게도 그 친구들과는 연락이 안 된다.

　그렇게 버스를 타고 꽤 긴 거리를 달려와 2사단 훈련소에 입영을 했다. 그곳은 102 보충대와는 분위기가 사뭇 달랐다. 그냥 조용조용하게 말하던 보충대 조교들과는 달리, 하나부터 열까지 고함을 지르며 빠르게 행동하라고 군기를 잡는 그들은 정말 조교의 프로라고 해도 과언이 아니었다.

4) 2사단 노도부대, 훈련병 생활

훈련소에 도착해서 기본적인 소대, 생활관, 훈련병 번호 등을 배정받고 훈련소 생활을 시작했다. 내가 복무하는 동안에는 훈련소 기간이 연장되었기 때문에, 내가 할 때와는 훈련 주기 등이 전부 다를 것이라고 생각된다. 현역 군인 때도 참 많이 이야기한 것이지만, 사실 군 기간 동안 '신체적으로 가장 힘들다'고 하는 시기는 훈련병 기간이다. 물론 부대마다 다르겠지만 훈련소는 말 그대로 몸을 '군인화'시키는 곳이다. 그렇기 때문에 사실 이곳만 지나면 군 생활 자체가 훈련소만큼 힘들지는 않다. 물론 당신이 특공대나 해병대 같은 특수 전투 집단이나 전투 특화 부대로 갔다면 이야기가 달라지겠지만.

어쨌든 입소 초반에는 간단한 인적조사, 설문조사와 인성검사 등을 하게 된다. 인적조사 같은 것은 설명할 필요가 없을 것이고, 설문조사와 인성검사는 간단한 검사와 본인의 감정 상태, 우울증이나 자살시도 경험 등에 관한 다양한 설문이 있다. 내가 아직도 군 생활에서 가장 실수였다고 느끼는 것은 우울증이 있었던 사실을 설문지에 적었던 것이다. 물론 밝히고 합당한 조치가 이루어졌다면 다행이었겠지만, 별다른 조치 없이 나에게 온 것은 관심 훈련병이라는 딱지뿐이었다. 때문에 솔직히 말해 훈련병 생활이 썩 유쾌하지는 않았다. 군 생활이 처음부터 꼬여버린 것이다.

사실 이때까지만 해도 큰 지장이 있지는 않았다. 가끔씩 군 상담관한테 불려가서 이런 저런 설문을 받아야 했지만, 실질적으로 그 당시에는 집안 문제도 거의 해결되어 우울증이 거의 사라졌기 때문에 문제가 생기지 않았다. 기껏해야 우울증이 재발할 수도 있으니 조금 더 신경을 써주라는 정도로 관심병 등급도 낮게 측정됐었다. 하지만 이때 가장 불편했던 건 나를 불러내는 방식이었다. 학교에서 방송으로 교무실로 오라고 할 때의 감정과 비슷하다. 불러낸다는 사실보다 주변의 시선이 더 신경 쓰여 스트레스를 받았다. 나름대로 프라이버시라고 그 문제에 대해 다른 병사들에게 말하지는 않았지만, 그렇게 몇 번이나 불러내는데 이상하게 여기지 않는다면, 그거야말로 좀 이상하다 싶지 않겠는가.

어쨌든 훈련소에서 훈련을 받는 동안 전화라는 게 정말 소중한 물건이라는 것을 그때 처음 느꼈다. 훈련병 때는 '군인화'시켜야 한다는 군의 방침에 따라 여러 가지 여가생활이 기본적으로 제약된다. 대표적으로 TV 시청과 흡연 정도가 있는데, 나는 담배를 피우지 않지만 동기생 중 흡연자들은 정말로 죽을 맛이었다. 어느 정도였냐 하면, 사회에서 좀 질이 안 좋게 살았던 동기들은 담배가 정말 너무너무 피우고 싶어서 담배 '꽁초'를 '훔쳐서' 몰래 피우기도 했다. 물론 그 제약되고 갇힌 곳에서 그게 안 들킬 리가 없다. 그것 때문에 꽤 시끄러웠고, 들킨 동기들은 완전 군장을 하고(약 40kg) 연병장을 몇 바퀴 도는 처벌을 받기도 했다.

하지만 역시 훈련소에서 가장 힘든 것은 '전화 통제'다. 훈련소에서는 훈련병들의 전화를 통제하고 있는데, 여자 친구와 어머니가 그리웠던 나로서는 정말로 고통스러웠다. 아니 나뿐만 아니라 사회의 사랑하는 사람들을 놔두고 온 사람들이 모두 그렇지 않을까? 전화를 할 수 있는 방법은 딱 한 가지뿐이었는데, 바로 '포상 전화'다. 일반 병사들이 '포상 휴가'를 얻는 것과 비슷한 이치로서, 훈련병의 경우는 훈련을 잘 받는다거나 그 외에 바람직한 행동을 하여 상점을 받을 일을 해서 상점을 쌓으면 포상 전화를 할 수가 있다. 내가 복무할 당시는 5점을 모으면 PX를 갈 수 있었고(물론 혼자 가서 혼자 먹고 와야 한다. 생활관으로 취식물을 들고 올 수는 없다), 10점을 모으면 전화를 할 수 있었다. 보통은 5분 내외로 전화를 시켜주는데, 나는 상당한 몸치여서 수류탄 주에서나 포상전화를 따서 겨우 해본 기억이 있다. 독자들도 훈련소에 입대하게 되고 고립된 곳에서 첫 전화를 하여 가족이나 소중한 사람의 목소리를 들으면 눈물이 고일 것이다.

또 훈련병의 낙이 있다면, 그것은 사회에서 오는 편지이다. 연락 수단이 없는 그 위치에 가봐야만 편지의 소중함을 알 수 있다. 거기다 편지 배달 방식 자체가 전부 모여 있을 때 이름을 호명해서 받아가는 식이기 때문에, 많이 받는 사람의 자부심은 이루 말할 수 없고, 하나도 못 받는 사람의 슬픔과 남들을 향한 부러움 또한 이루 말할 수 없다. 이것은 정말 군인이 돼봐야 안다. 물론 당시에 나는 그 여자 친구가 편지를 잔뜩 써줬기 때문에 부러움을 한몸에 받긴 했었다. 지금 돌아보면 참, 한때의 청춘이었다.

그리고 또 재미있는 것은, 생전 종교가 없던 사람도 훈련소에서는 '광신도'가 된다. 당연하다. 하지도 않던 규칙적인 생활과 노동, 그리고 학교 급식 수준인 훈련소 밥. 우리의 몸은 당분과 인스턴트를 원하고 있다. 일요일 종교 활동 시간에 각 종파로 가게 되면 목

사님, 신부님, 법사님이 간식거리를 주시니, 그분들이 그때만큼은 하나님이시고 부처님이시다. 또 종교 활동은 우리 기수보다는 먼저 들어온 훈련병들과 같이 하게 되는데, 정말 주 단위로 진행하는 훈련병들은 1주차 2주차의 차이로 차원이 달라진다. 한 주 앞의 훈련을 미리 했다는 것만으로도 그 위풍당당함이 이루 말할 수 없다. 사회인들이 보기엔 정말 하찮은 자부심으로 보일지 모르겠다만 입대해봐라. 난 화생방을 체험했지만, 쟤들은 다음 주에 화생방이란다. 이 기분 느껴봐야 알 것이다.

■ 알고 넘어가면 좋을지도 모를 훈련병의 팁

① 목소리는 좌우지간 크고 우렁차게
사실 훈련병 때 자신감 있는 사람들은 대부분 없다 신체적으로 힘들 시기이고 말 그대로 군대에 '적응'하는 기간 아닌가. 하지만 우리는 상점을 받아야 한다. 정말 초반 부분은 목소리가 큰 것만으로도 상당한 상점을 받을 수 있으니까 열심히 하자.

② 가장 먼저 나서라
꼭 조교들이 시범을 보이고 '자, 해볼 사람!' 이런 식으로 대부분 나오는데, 꼭 먼저 지원을 하라. 부끄러워할 필요 없다. 당신의 동기는 뭐, 군대 두 번째 입대하는 사람이겠는가. 가장 먼저 나선 것만으로도 상점을 주는 조교가 많다. 어차피 다들 초짜니까 부끄러워하지 말고 무조건 자신감 있게 나가자.

③ 훈련병이 군 생활의 첫 단추
훈련병 기간을 마치면 상점이나 행동 등을 순위를 매기는데, 이 순위가 높으면 표창을 받을 수도 있다. '이게 뭐 쓸 일이 많겠어?' 할지 모르지만, 받아놓으면 군 생활에 두고두고 쓰임새가 많다. 일단 자대로 갔을 때 간부들의 이미지 업은 물론이요, 표창에 따라 약간 다르지만 당신의 휴가가 +1박이 되는 특전이 붙은 표창도 있으니, 열심히 해서 휴가 하루 더 나가자.

④ 편지와 소포를 잘 활용하라

편지나 소포 등으로 '반창고'나 '뒤꿈치 패드' 같은 것을 받으면 이래저래 유용하게 써먹을 때가 많으니 이런 것을 그때그때 잘 활용하도록 하자. 한 가지 유의할 것은 취식물을 받게 되면 그대로 압수당하므로 이 점을 유의하라. 군대는 허가 안 된 물품을 반입할지도 모르기 때문에 소포나 편지를 전부 뜯어서 검사한다.

5) 훈련소를 마치고 자대로…

힘들고 지옥 같던 훈련소 생활을 마치고 자대 배치를 받아 가게 되었다. 여기서 자대란 본인이 군 생활을 할 부대의 통칭으로서 군에서 쓰는 용어다. 특별한 일이 없으면 2년 여 동안 그 부대에서 군 생활을 하고 마치게 된다. 내가 배속 받은 곳은 3군단의 포병 여단의 한 대대였다. 직책은 통신병의 한 종류인 야전 가설병. 당연히 군에 대한 지식이 아주 없었던 만큼 어떤 일을 하는 직책인지도 몰랐다. 포병도 보병의 박격포를 생각해서 무거운 걸 짊어지고 가겠구나 하고 생각했다. 훈련소는 신 막사(새로 지어진 신식 막사)였는데, 포병의 막사는 거의 구막사(지어진 지 오래된 구식 막사)라는데…, 적응이 될까? 하면서 걱정이 태산이었다.

군 버스를 타고 2사단을 떠나 자대로 들어서니 생각했던 모습과는 완전히 달라 깜짝 놀랐다. 막사는 신막사였고, 포대는 '저걸 어떻게 해서 움직이는 걸까?' 할 정도로 거대한, 약 7톤의 155m 견인 곡사포였다. 대대로 들어가 대대장을 보고 간단한 면담을 한 뒤에 포대를 배정받았다. 여기서 포대란 일반적인 부대의 중대 개념과 같은 것으로서, 보통 한 대대에 '알파, 브라보, 차리, 본부'의 4개 포대가 존재한다. 내가 배속 받은 곳은 알파. 나는 알파의 막사로 떠났다.

6) 이곳은 알파 포대, 군 생활의 시작!

포대로 맨 처음 왔을 때의 소감은 신막사이기 때문에 다행이라는 것, 그리고 선임들이 무서울 것 같다는 것이었다. 지금에야 '나도 계급 올라가고 그랬지…'라고 생각하지만, 당시에 선임들이 장난으로 겁을 줬던 것이 얼마나 겁이 났던지…. 하지만 신병이 들어왔다는 기쁨에 하는 장난이니 너무 그렇게 걱정하지 않아도 된다. 물론 개중에 진심인 사람이 있긴 하지만, 그런 사람은 나름대로 규제를 받으니 걱정하지 말라.

어쨌든 자대에 들어가 간단하게 짐을 풀고 포대장(중대장)과 행보관과의 면담으로 들어갔다. 당연히 훈련소에서 이미 관심 병사 딱지를 가지고 왔기 때문에 대화의 내용이 그쪽으로 흘러가게 되었다. 나는 훈련소에서 이미 당했던 기억이 있어서 면담 시 더 강하고 자신감 있다는 듯 나갔다. 다행히 먹혔는지 포대장과 행보관도 크게 걱정하지 않았고 그럭저럭 분위기가 좋게 흘러가는 것 같았다.

우리 부대에는 3일 대기와 일주일 대기라는 제도가 있었다. 3일 동안은 그 신병에게 일을 시켜서는 안 되고 4일차부터 일주일까지 간단하게 일을 시키는 것이었다. 요약하면 '7일까지는 갈구지 마!'라는 것으로 부대 내에서 나름대로 신병들의 적응을 위하여 만든 제도이다. 이 기간 동안 신병의 신원에 문제가 생기면 선임들이 상당히 큰 불이익을 받게 된다.

사실 3일 대기 기간 동안 편하긴 했지만, 어떤 의미로는 참 불편했다. 세상에, 포대원이 다 같이 쓰레기를 주우러 나갔는데, 그것조차 줍지 말고 그냥 따라오기만 하란다. 몸은 편해도 선임들이 모두 쓰레기를 줍고 있는데 그걸 멀뚱멀뚱 따라다니니 눈치가 어찌 안 보이겠는가. 그나마 4일차부터 조금씩 일을 해서 눈치가 좀 덜 보였다.

드디어 7일 대기가 풀렸다. 정말 나는 아직 생각해도 어떻게 사람들이 그렇게 안면이 싹 변할 수 있는지 아직도 놀랍다. 대기 기간 동안 다른 포반의 선임들이 통신 분대 선임 어떠냐고 물어보기에 '정말로 너무나 잘해주고 사람들이 좋다.'라고 이야기했던 기억이 있다. 헛소리였다. 대기가 풀리는 그날 아침식사를 선임들이 너무도 빠른 속도로 먹고 일어나기 시작했다. 선임들을 기다리게 하면 안 된다는 생각이 작용해 어서 입에다 허겁지겁 음식물을 입에 넣고 일어났는데…. 나는 그것으로 1시간 동안 생활관에서 갈굼과 잔소리를 들어야 했다. 갈굼의 내용은 '너 왜 취식 보행 하냐?'였다. 군인은 입에 음식을 넣고 움직이면 안 된다는 규정이 있다. 정말 대기 기간이 풀렸다고 아주 신나게 욕을 먹었다. 전에는 입에 물고 일어나도 안 그랬으면서…. 거기에 추가되는 것이 있었는데, 그것은 '일주일 동안 뭘 보고 배웠냐?'는 것이었다. 여기서 우리가 익혀야 될 것은 대기 기간 때 일 안 한다고 편하게 있을 게 아니라, 정말로 그 부대의 분위기와 일이 돌아가는 것을 '대략적'으로라도 파악해놓아야 한다. 그래야 나같이 욕을 안 먹지.

또한 군 생활 초반에 필요한 한 가지는 앞서도 말했지만, 약간의 센스와 빠른 행동력이다. 작업을 전체적으로 보는 센스가 필요하다. 나는 통신병이었기 때문에 선로 점검을 자주 했는데, 이 작업을 예로 들면 선임이 선을 까고 있으면 가만히 있을 게 아니라 전기 테이프를 딱 알맞은 크기로 잘라서 선임 앞에 대령해놓는 정도의 센스를 발휘해주면 당신은 개념 후임이다. 요령은 전체 작업을 파악하고 선임의 다음 작업을 좀 수월하게 해주면 되는 거다.

■ 알고 넘어가면 좋을지도 모를 '짬이 안 될 때'의 조심해야 할 행동

자, 여기서 남들이 말하는 짬이 안 될 때의 행동 주의사항을 몇 가지 적어볼까 한다. 물론 이는 부대마다 특성이 다르기 때문에 '절대'라고는 말할 수 없으나, 대부분의 부대에서 행동하면 욕먹는 일들을 몇 가지 알아보겠다.

① 오른손으로 담배 피기

나는 비 흡연자라 해당 사항이 없다. 하지만 흡연자들은 계급이 낮을 때 오른손으로 담배를 피우면 욕먹을 상황이 발생할지 모른다. 그 이유는 경례를 오른손으로 해야 하기 때문에, 오른손으로 담배를 피우고 있으면 경례가 늦어진다는 것이다. 병사들끼리 경례를 안 하는 위치에 있는 건 최고참이나 병장들뿐. 한 마디로 오른손 흡연은 그들의 '권위'이다. 그들의 권위를 침범하지 말라, 욕만 먹을 뿐이니.

② 식사 시 왼손은 식탁 아래로

한마디로 밥을 먹고 있는 오른손만 식탁 위로 올라와 있어야 한다는 이야기다. 그 이유인즉 당연히 많은 사람들이 밥을 먹고 있는 곳에서 왼쪽 손을 올려놓으면 옆 사람이 오른손으로 밥 먹기에 거치적거리는 상황이 발생한다. 한마디로 어디 짬도 안 되는 찌글찌글한 아이가 감히 이 몸이 식사를 하는데 거치

적거리게 왼손을 올려놓고 있냐? 하는 것이다. 까딱하면 욕먹게 되니 조심하도록 하자.

③ **압존법**

의외로 압존법을 모르는 이가 많다. 이는 훈련소에서 배우니까 사실 크게 문제는 없지만 실전에 들어가면 어려운 법. 군대는 계급사회인 만큼 사람마다 계급이 있다. 병장에게 상병을 이야기할 때는 '~상병'이라고 이야기하는 것이고, 상병에게 병장을 이야기할 때는 '~병장님이'라고 이야기하는 것, 그것이 압존법이다. 예를 들어보자.

김병장 : 야, 너 누가 거기 걸레질하라던?
박이병 : 이 상병'님'이 하라고 했습니다!
김병장 : 뭐 인마? 이 상병'님'? 걔가 나한테 '님'이냐? 너 돌았어?

이런 식으로 된다. 이럴 땐 '이 상병이 하라고 했습니다.'가 맞다.

④ **자세는 항상 바른 자세**

내무 부조리 중에 누워 있지 말라는 내용을 기억하는가? 사실 이 부분에 대해서는 이미 군에서 많이 알고 있는 부조리라서 군에서 없애려고 노력하고 있고, 오히려 자대로 가면 선임들이 편하게 누워 있으라고 한다. 신병이 안 누워 있으면 내무 부조리 있냐면서 조사를 받기 때문이다. 하지만 이때 알아둬야 할 것은 정말로 '편하게' 누워 있으면 쌍욕을 먹는다는 사실이다. 누워 있더라도 바른 자세로 누워 있고, 벽에 기대서 TV를 보더라도 바른 자세로 보아라. 소위 말하는 '건방진 포즈'로 보면 당신은 '무개념 죽일 놈'이 될 테니까.

⑤ **암구어나 식단, 그 외 정보는 가장 먼저 알아놓자**

암구어란 한마디로 암호이고, 식단은 그날의 식단, 그 외 정보는 부대 내의 뭔가 그날에 할 일 등을 말한다. 이는 계급이 될 때 미리미리 알아놓는 게 좋다. 왜냐하면 선임들이 당신한테 물어보기 때문이다 이걸 부조리로 삼는 부대도 아직 상당수 남아 있는데, 만일 이게 그 부대에 부조리로 남아 있다면 미리미리 안 외우고 뭐했냐며 욕을 먹을 것이다(실제로 외워야 하는 부분들을 물론 선임들이 알고 갈구면 교육이다. 하지만 자기도 몰라서 그냥 알아보려고 물었는데 후임병이 마침 모르니 건수 잡았다며 갈구는 경우가 대부분이다). 하지만 부조리가 없다고 해도 그것을 미리 숙지하고 있던 당신과 '아, 죄송합니다. 아직 모릅니다.'라고 대답하는 후임 중 누가 더 예쁘게 보이겠는가는 말할 필요도 없을 것이다.

⑥ **선임의 눈치를 잘 살펴라**

이것은 어떻게 보면 고수가 되면 사회 나가서도 잘 쓸 수 있는 방법인데, 사람의 눈치를 살피는 건 중요하다. 거기다 '계급사회'에서는 더 그렇다. 평소에는 온화하던 선임, 실수를 해도 가볍게 허허 웃어주던 선임도 기분 나쁜 상황이 되면 어떻게 돌변할지 모른다. 어제는 실수를 넘어가줬지만 오늘 그 선임이 기분이 나쁘다면 그 일까지 더해서 '넌 내가 어제도 봐줬는데 오늘도 이러네! 엉? 장난해? 뭐하냐?' 하는 식으로 가중치가 붙어 갈굼을 먹게 될 것이다. 사실 신병 때 가장 중요한 건 '눈치보기'다.

그렇게 엎치락뒤치락하면서 나는 군 생활을 해나가고 있었다. 그리고 나도 슬슬 첫 휴가인 신병위로 외박(보통 100일 휴가라 부른다)을 갈 시기가 와서 정말로 기대를 많이 하고 있었는데…, 그때 터진 거다, 신종플루가…. 당연히 휴가는 연기. 진짜 그때 당시는 절망이라는 표현으로 다할 수가 없는, 그 감정을 말로 할 수가 없다. 거기다 어머니나 여자 친구, 그리고 친구들한테 전부 휴가 간다고 신나서 떠벌려놓은 뒤였는데. 진짜 밖의 사람들한테 어떻게 말해야 될지도 난감하고, 왜 하필 내가 첫 휴가 나가려니까 이런 사고가 터지게 된 건지, 신종 플루가 원망스러웠다. 휴가는 물 건너갔고 슬슬 훈련 시기가 다가와서 훈련 준비 등으로 부대가 바빠졌다.

나의 첫 훈련은 포대전술이었다(일반부대로 말하면 중대전술). 훈련을 크게 분류하면 상위 부대와 같이하는 사단이나 군단급 훈련이 있고, 그 이후로는 부대 내에서 실행하는 대대 전술이나 포대 전술이 있다. 한마디로 포대 전술이 가장 작은 단위의 훈련이라 부담이 적은데, 다행히 첫 훈련이 포대전술 시기와 맞아떨어진 것이다.

사실 첫 훈련 때는 우왕좌왕할 수밖에 없다. 정말 친절하게 가르쳐주는 선임이 있다면 다행이지만, 십중팔구 교본이나 책자 하나 던져주고 '익혀놔!' 하는 식으로 나올 것이다. 훈련 당일에 못 하면 왜 못 했냐고 혼내고…. 훈련은 태반이 몸으로 하는 건데, 그걸 책자 하나 던져주고 익히라고 하면 사실 잘 익혀지지 않는다. 어떤 운동이든 그 행동을 보고 따라하면 할 수 있지만, 책자로 이론을 보여주고 해보라고 하면 우왕좌왕하지 않는가. 정말 어쩔 수 없지만 친절한 선임이 없다면 첫 훈련 때는 '눈치껏' 행동해라. 그게 최고다. 아니면 가르쳐줄 만한 선임한테 모르겠다 싶으면 빨리 물어보고 행동에 옮기거나.

나는 포병에 속한 가설 통신병이었던 만큼 포대의 주 훈련 내용은 포를 쏘는 것이었다. 155mm의 견인 곡사포가 내뿜는 그

화력은 정말 지금 생각해도 멋진 장면이었다. 포탄이 날아가서 파괴하는 것보다는 그 소리가 정말로 대단하고, 무엇보다 포탄을 쏠 때 나는 100m 이상 떨어져 있었는데 그 공기압이 피부로 느껴진다는 것이다. 그리고 훈련의 마지막 날은 행군으로 마무리된다. 보통 40km 행군을 하는데, 사실 보통 행군 같으면 고통스러운 기억밖에 없다.

그런데 나는 행군과 관련하여 좀 재미있는 기억이 있다.

첫째로는, 우리 부대의 내무 부조리 중 하나가 '뻥 군장'이었다. '뻥 군장'이 뭐냐 하면, 원래 완전 군장을 전부 찰 경우에 약 40kg이 된다. 당연히 무겁고 누구라도 차기 싫을 것이다. 그래서 선임 급 정도가 되면 군장에 종이 박스나 쓰레기 봉지에 공기를 채워 풍선을 만들어서 군장의 모양만 잡는, 말 그대로 '뻥 군장'이다. 당연히 첫 행군 때 이등병이었던 나나 짬이 안 되는 후임병들에게 선임들이 군장 싸는 것을 감시까지 해가며 친절하게 '퍼펙트(perfect)'한 군장을 만들어주셨고, 자신들은 쓰레기봉지 풍선으로 공기를 채워 넣어 드셨다. 참, 뭣 같아도 어쩌겠는가. '나도 나중에 짬 먹으면 저거 할 수 있겠지….' 이런 생각으로 '더러워도 하자.' 하며 행군을 하기 위해 연병장으로 집합했다.

재미있는 일은 출발 직전에 일어났다. 연병장에 모인 우리에게 포대장이 행군에 대한 격려와 주의를 연설했다. 내용은 뭐 보통 학교 교장들이 하는 멘트와 비슷했다. 하지만 우리 포대 전 병력의 희비를 교차하게 한 마지막 멘트가 최고였다.

'선임과 후임의 군장을 바꾼다.'

이야! 진짜 최고였다. 그때 선임과 후임들의 그 만감이 교차하는 표정을 도대체 어떻게 표현해야 할지 모르겠다. 선임들은 자신들이 감시해서 아주 꽉꽉 채워 넣은 군장의 무게를 알고 있을 테고, 후임들 역시 마찬가지. 후임들은 입 꼬리가 저절로 올라가는데, 그걸 선임한테 들키면 갈굼을 먹을 테니 억지로 참는, 진짜 희비가 교차하는 순간이었다. 물론 중간의 휴식 시간에 간부들 몰래 다시 군장을 바꿨다. 그래도 초반부의 행군은 편하게 했으니 나름대로 이득을 본 행군 아닌가. 그리고 그 이후 행군부터 그 부조리가 사라졌다. 그때만은 정말 그 깐깐하고 눈매 사나운 포대장이 지장보살처럼 느껴졌다.

어쨌든 그런 식으로 행군을 하고 복귀 행군을 하며 휴식 시간을 가졌다. 나의 부대 위치상 행군할 때 어느 부대를 꼭 들러서 휴식하고 오는 식으로 돼 있었다. 휴식하면서 그 부대의 화장실을 이용하거나 물을 마시거나 했다. 휴식이 끝난 후 부대로 복귀 행군 중에 나를 포함한 약 12명 정도를 따로 불러서 뒤로 나오라고 했다. 도대체 왜 부른 걸까? 무슨 잘못을 한 걸까? 불려나온 일동들은 조마조마하고 안 그래도 행군 중이라 힘들어 죽겠는데, 왜 하필 맨 뒤로 불러냈는지 궁금했다. (행군의 팁이지만, 행군은 앞쪽에서 걸을수록 편하고 뒤에서 걸을수록 힘들다. 이유는 앞쪽일수록 자기 페이스대로 걸을 수 있지만, 뒤에 있을수록 남한테 맞춰 걸어야 하기 때문. 때문에 부대에서도 행군을 시킬 때 체력이 약한 사람을 앞으로 가게 한다.)

우리를 정지시킨 이유인즉…, 그 부대에 '신종 플루 환자'가 있었다는 것이다. 그래서 그 부대에서 화장실을 쓰고 물을 마신 우리가 감염됐을 수도 있다고 뒤로 따로 뺀 것이다. 진짜 이때 처음에만 해도 '큰일 났다, 죽는 거 아니냐.'며 호들갑을 떨었는데…. 어쨌든 한참 뒤로 떨어져서 부대로 복귀했고, 복귀하자마자 우리는 포대의 목욕탕으로 '격리'됐다. 기간은 약 2주. 그 기간 동안 격리 생활을 하게 된 거다…. 우리 부대는 침대를 쓰는데 침대에서 매트리스만 사람 수만큼 빼와서 거기에 대충 깔고 잠을 잤다. 솔직히 격리 기간 동안 편하기 했다. 아침 점오도 안 나가지, 저녁 점오도 안 받지, 일과에서 제외되어 하는 게 없었다. 밥은 분대원들이 타다줘서 먹고 문 밖에 내놓으면 설거지도 알아서 해줬다…. 이야, 진짜 생각해보면 내 군 생활 인생에서 가장 편한 기간이 아니었나 싶다. 사람이 화장실 들어갈 때랑 나올 때랑 다르다지만, 그때는 신종 플루가 고마웠다. 문제라면 하루 종일 목욕탕에 남자 6명(나머지 인원들은 다른 포대 인원들이었다)이 갇혀만 있는 거다. 거기다 반이 병장 급 선임이었으니 안 불편하면 그게 비정상이지…. 다행히 TV를 설치해줘서 덜 지루하게 어떻게든 버텼지만, 하루 종일 선임과 얼굴 맞대고 있는 건 도리가 없었다. 근데 사실 화장실은 다 같이 써서 격리의 의미가 있었는지도 의문이긴 했다. 물론 칸 하나를 따로 줘서 격리 인원용이라고 했는데…. 그런다고 감염이 안 되나? 다행히 우리 중에 감염환자는 없었고, 빈둥거리며 하루하루를 보내던 격리도 풀렸다. 2주간 편하게 지내서 몸이 늘

어져 다시 일반 생활을 할 때 약간의 부작용이 있긴 했지만, 미루어진 휴가 기간이 다가오고 있었기 때문에 상관없었다. 신종플루 덕분에 거의 일병을 달기 두어 달 정도 남기고 휴가 날짜가 잡혔다. 늦은 만큼 더욱더 휴가를 기다리며 오랜만에 만나게 될 어머니와 여자 친구 때문에 기분이 매우 들뜬 채 하루하루를 보냈다.

7) 평범한 군 생활에서 나락으로

나는 초반에는 상당히 군 생활을 괜찮게 한 편이었다. 하지만 문제는 여자 친구에 대한 그리움이 너무 크다는 것이었는데…. 이로 인해 개인정비의 대부분은 전화로 사용했고 약 7만 원 정도 되는 이등병 월급도 전화비로 전부 탕진했다.

군 생활 초반에는 역시 선임들과 안면도 익히고 사이좋게 지내는 데 더 노력을 했어야 했는데, 그 기회인 개인정비 시간을 전화로 전부 사용했으니…. 초반엔 괜찮았지만 날이 갈수록 선임들과 깊은 관계를 갖기에는 아무래도 무리가 있었고 시간에 비해 그렇게 친해지지는 못했다.

그래도 사실 군 생활을 하는 데 무리는 없었다. 훈련병 때의 일로 인해 관심병으로 잡혀 있었지만, 등급도 최하위의 등급이었고 나름대로 이런저런 생활을 하면서 관심병이란 딱지는 사실상 거의 사라져가고 있었다. 그럭저럭 평범한 군 생활을 하고 있었던 것이다. 하지만 원래 계획돼 있던 면회 외박, 신병위로 외박(100일 휴가)이 신종 플루로 인해 취소되고 여자 친구와의 갈등이 생기고…, 또한 그 갈등을 나가서 해결하지 못한다는 그 심정이 답답했다. 또 아직 이등병이긴 했지만 밑에 후임병들도 한두 명씩 생겼다. 후임병이 생기면 마냥 좋을 것 같아도 그 때문에 스트레스 받을 일이 생긴다. 일을 가르쳐야 한다든지 후임이 실수해서 내가 혼나거나 갈굼 당할 거리가 더 생겼다. 어쨌든 이런 복합적인 문제 때문에 스트레스 치가 매우 가중되고 있는 상태였다. 하지만 이제 한 달 정도만 기다리면 휴가가 잡혀 있지 않은가? 여자 친구와도 지금은 좀 소원해져 있고 스트레스도 많이 받고 있지만, 휴가만 다녀오면 모든 게 다 풀릴 것 같은 기분이었다.

그때까지는 그랬다. 역시 평범하게 개인정비 시간에 여자 친구에게 전화를 걸었다. 하지만 약 3일 정도 전혀 연락이 되지 않았다. 자기 어머니랑 어디 지방에 내려갔다온다고 이야기하긴 했지만 전혀 연락이 되지 않는 것이 불안하고 이상하게 예감이 좋지 않았다. 불길한 예감은 적중했고 연락이 된 그날 다른 남자가 생겼다는 이별 통보를 받았다.

8) 비전 캠프로

　대부분 아는 사실이겠지만, 사실 군대 간 남자친구를 끝까지 기다려주는 경우는 20% 될까 말까 한다는 이야기가 지배적이다. 내 여자 친구라고 뭐 다를쏘냐? 대부분의 80%의 확률에 들어갔고, 전화로 이별통보를 받은 나는 말도 못 할 배신감과 허탈감에 하도 열을 받아 다 포기해버리고 싶었다. 그날 나는 포대에서 난동을 피웠다. 지금 생각해도 그때 왜 그랬는지 참 부끄럽다. 화장실에서 기물을 파손하며 생난리 블루스를 떨었으니, 포대원들과 그때 당직이었던 행보관은 얼마나 당황했겠는가. 특히 우울증이 혹여 재발할 위험이 있다고 관심병 등록이 돼 있던 나였으니, 행보관 입장에서는 갑자기 천둥이 떨어진 격 이었을 것이다.

　정말 그때 힘들었던 것은 여자 친구가 이별을 통보했다는 사실보다는 '아무것도 못 한다.'는 사실이었다. 앞에서도 이야기했지만, 군 생활에서 정말 힘든 것은 훈련 같은 게 아니다. 그 격리됨이 가장 힘든 요소 중 하나이다. 내가 사회에 그대로 있었다면 절대 그런 일이 일어나지 않았을 것이다. 찾아가서 다시 여자 친구를 잡든지, 아니면 대판 싸우고 '그래, 갈 테면 가라. 나도 더 예쁘고 착한 여자 만나서 쿵짝쿵짝 하며 살 테다.' 해버렸으면 그만이다. 말 그대로 아무것도 못 하는 입장이라 답답한 상황이니 진짜 별별 감정이 다 든다. 배신감과 허탈감. '입대할 땐 그렇게 드라마를 찍어놓고 이러기냐?' 그렇게 말을 해주고 싶어도 마음대로 할 상황도 안 되고, 안 그래도 나의 성격이 욱하는 경향이 있는데 그때 순간적으로 받은 스트레스가 도를 넘었던 것 같다. 사실 지금은 같은 상황의 사람들에게 뭔가 이야기해 줄 수 있지만 이는 뒤로 미루도록 하겠다. 어쨌든 그 난리를 피우고 격리당해 그날 전포대장(일반중대의 소대장 개념이지만 약간 다르다)과 하루를 보냈다. 젊은 소위였는데 내가 잠들 때까지 위로와 격려를 해주고 고생했다. 지금 생각해도 참 고마운 사람이었다. 다음날 나는 군 차량을 타고 어딘가로 떠나 군 특수 프로그램인 '비전 캠프'에 입소했다.

9) 비전 캠프의 프로그램

비전 캠프란 군에서 실행하는 군 부적응 병사의 군 적응이나 자살 위험자의 자살 방지 교육 프로그램이다. 맨 처음 왔을 때만 해도 여자 친구도 잃고 전날 포대에서 했던 짓, 그리고 부모님한테 죄송한 감정 때문에 '군 생활은 이제 잡친 거나 마찬가지'라는 생각에 아무것도 하기 싫었다. 내가 갔을 때가 헬스장에서 헬스를 하고 목욕탕에서 목욕을 하는 교육 프로그램 중이었는데, 안 그래도 아무것도 하기 싫었던 나는 캠프의 행보관의 질문에도 건성으로 대답하고 다른 교육생 동기들과도 잘 어울리지 못했다. 하지만 그래도 자대보다는 회복하기에는 좋은 환경이었기 때문에 하루 이틀 지나면서 차츰 나아지기 시작했다. 지금 생각해보면 회복이 빨리 되었기 때문에 이후의 군 생활이 가능했던 것 같다.

프로그램은 인성교육, 그리고 긍정적인 생각을 할 수 있게 도와주거나 자신의 심리와 성향을 알려주는 정신적인 테스트, 교육대장이나 조교들과의 군 생활 상담, 도와줄 수 있는 방향성을 알아보고 몸과 마음을 휴양하는, 휴양소의 성격이 강했다. 내가 교육생일 때는 캠프의 이름이 '희망 캠프'였으며 프로그램은 1~3주차 까지는 캠프의 자체 프로그램, 그리고 4주차에서 군종부(군 종교부)에서 실시하는 비전 캠프를 받고 퇴소하는 시스템이었다. 1~3주차의 교육내용은 주로 캠프 내에서의 심리안정 프로그램 시청, 긍정적 마인드를 키워주기 위한 프로그램(시크릿 다큐멘터리 판 등) 시청, 군 헌병대에서의 군법교육, 등산, 헬스, 목욕, 그림그리기, 인성검사 등으로 이루어져 있었고, 4주차는 군종부에서 주관하여 군 교회나 법당으로 가서 '비전 캠프' 프로그램을 받았다. 비전 캠프는 지금 생각해도 상당히 좋은 프로그램이었다. 교회나 법당에서 각종 심리치료나 검사를 받고 속초로 가서 목욕을 하는 등 심신을 치료하기에는 상당히 좋은 프로그램들이었다. 군인이긴 해도 종교에 종사하는 분들이라 아무래도 상담법이 일반 군인들과 좀 다르고 편안한 분위기를 만들어주었다.

하지만 내가 '희망 캠프'라는 곳에서 가장 놀랐던 것은 그곳에는 소위 말하는 '짬 차별'이라는 것이 거의 없다는 것이었다. 아무리 실질적으로는 타부대원들이지만, 거기에 입소하면 전부 선후임을 따지라는 명령이 있었기에 그렇게 지냈다. 하지만 우리를 담당하고 있는 훈육 조교들이나 나보다 선임인 교육생들과의 분위기도 원래 자대에서 보던 험악한 분위기와는 사뭇 다른 친구 같은 분위기가 강했다. 사실 자대에서 먹는 것 가지고 짬으로 가르던 게 매우 치졸하다고 생각하던 차였기 때문에 분위기상 '이야, 그래도 군대가 죄다 안 좋은 곳만 있는 곳은 아니구나.' 하는 생각이 들었다.

물론 그것도 그렇고 프로그램 자체도 나처럼 매우 우울한 사람들에게 도움이 되고 마음을 개선시켜주었기 때문에 큰 도움이 됐다. 나는 교육을 수료하고 다시 자대로 돌아갔다. 캠프에 가서 배운 가장 좋은 것은 어차피 상황은 변하지 않으니 긍정적으로 생각하는 게 중요하다는 점이다. 이건 여담이지만, 당시 자대에는 사지방(사이버 지식 정보방의 약자로 사병들이 사용하는 PC방의 개념. 물론 게임 등은 할 수가 없다)이 없었기 때문에 입대 후 캠프에서 처음으로 컴퓨터를 사용했다. 그렇게 기다리던 병영특례 관련 면접 보라고 오라는 모 모바일 게임회사의 메일이 와 있었다. 아쉽기 짝이 없었다. 버스 떠났거든요?

10) 거친 군 생활

지금 생각해도 당시 후임이나 동기들에게 매우 미안한 일이다. 이건 어쩔 수 없는 현실이지만, '비전 캠프'가 매우 좋고 프로그램도 받아보면 정말 훌륭하지만, 일반 사병들 사이에서 그곳에 다녀왔다는 사실만으로도 무시 받기 십상이다. 무시 받지 않더라도 당연히 거리감이 들 수밖에 없다. 잘못 건드리면 또 폭발할지 모르는 위험

물 취급하는 듯하다. 사실 대부분 재입소하는 사람의 경우 그런 취급이 과다하거나 그것을 견디지 못하여 겉돌다가 재입소하게 되는 것이다. 당연히 군 생활을 똑바로 못 했기에 가는 곳이니 그럴 만도 하지만, 그렇다고 포기하고 자포자기로 지낼 수는 없지 않은가. 나는 무시 받지 않기 위해 더 악착같이 군 생활을 했다. 그럴 만한 일이 아닌 것을 당시에도 알고 있었지만 후임들을 더 크게 혼내거나 동기들과 트러블이 나면 매우 강경하게 나가는 등 상당히 독불장군처럼 행동했다. 사실 좋지 않은 선임 유형으로서 '찍어 누른다'는 모습으로 살았다. 다행인 건, 그 덕인지는 몰라도 크게 무시 받지도 않았고 군 생활을 하는 데 크게 무리가 있지도 않았다. 다만 본인과 군번이 같거나 아래였던 후임들은 좀 피곤했을 것이다. 이 자리를 빌려 미안하다고 사과하고 싶다.

    그리고 말해두고 싶은 게 있다. 앞에서도 말했지만, 초반의 위험한 물건 취급하는 듯한 일은 어쩔 수가 없다. 사고 친 게 있으니 어쩔 수 없지 않은가? 당연한 일이다. 하지만 여기서 정말로 '그런 놈'처럼 행동해버리면 정말 '그런 놈'이 된다. 이미 인간관계고 뭐고 다 망가졌다고 생각하는가? 절대 그렇지 않다. 당신은 학교 다니면서 친구와 싸웠던 경험이 있을 것이고 창피했던 경험도 있을 것이다. 그러면 그 싸웠던 친구 모두와는 한번 싸우고 전~부 절교하고, 창피한 기억이 평생 남아 놀림을 받았던가? 아니다. 그렇지 않다. 앞서 이야기한 군 생활이 인생의 40분의 1이라면, 비전 캠프를 다녀온 기간은 한 달일 뿐이고, 나와 같은 케이스면 사실 사고 친 건 하루뿐이다. 나는 군 생활을 22개월 했고 지금 입대하는 인원들은 20개월쯤 할 것으로 생각되는데, 기껏해야 한 달로 쳐도 20분의 1, 하루로 치면 계산하기도 귀찮다. 사고 친 사실은 사라지지 않는다. 하지만 중요한 건 그 일이 있은 뒤 자신의 행동이다. 자신이 행동을 그렇게 계속한다면 당신은 그런 놈이 될 것이고, 당신이 행동을 좋게 한다면 초반의 이미지는 기껏해야 한두 달 뒤에 사라지고 당신은 좋은 놈이 되어 있을 것이다.

11) 비전 캠프 조교로…

지금 생각해도 참 운이 좋았다고 할까. 상병을 달기 3개월 정도 남았을 때쯤이었다. 상황근무를 서고 있었는데(나는 통신병이라 경계가 아닌 상황근무를 들어갔다), 갑자기 근무 중에 막사로 내려와 행정반으로 빨리 오라는 연락이 왔다. 행정반으로 가보니 주임원사가 있었다. 캠프에서 교육대장한테 비전 캠프 분대장(훈육 조교)으로 파견오지 않겠느냐는 제안이 왔다고 하는데 어떻게 하겠느냐는 것이었다. 희망 캠프의 조교가 6명이 정원인데, 마침 한 명이 나갈 때가 되어 후보에 이름이 들었다는 것이다. 캠프를 다녀간 인원 중에서 교육대장이 쓸 수 있겠다 싶은 사람을 조교로 선별해서 데려가는 시스템이었던 것이다.

사실 이제 군 생활도 절반 가까이 했고 어느 정도 자대에 자리를 잡아가고 있었다. 그러므로 그곳으로 가서 군 생활을 한다는 것 자체가 사실 약간 '배신자'가 되는 게 아닌가 싶은 기분이 들어서 굉장히 망설여졌다. 그래도 사실 이미지를 한번 망친 것도 있는 데다, 0부터 시작하고픈 욕심과 캠프의 그 좋았던 분위기가 떠올라서 고민을 했다. 그런데 바로 조교로 간다면 분대장을 달아야 하니 지금 바로 상병을 달아준다고 해서(정식 진급이 아닌 가라 상병이지만) 넙죽 승낙해버렸다. 사실 병장들이 보기에는 상병도 정말 별 것 아닌 계급이다. 하지만 당시 일병 3호봉이었던 나에게는 신보다 더 위대한 계급이 상병, 병장 아니던가. 지금 생각해도 나는 참 감투에 약하다. 바로 상병을 달게 된다는 말에 기분이 덩실덩실 좋아져서 파견 가는 도중에 가지고 있는 모든 피복을 전부 상병으로 오버로크(계급장을 바꾸는 것)를 쳤다.

    나는 비전 캠프에 도착했다. 실질적으로 가라 상병이었기 때문에 그곳에 있던 분대장(훈육조교)들은 전부 선임이었다. 나는 이제 막내 분대장 생활을 시작했다. 그리고 이건 여담이지만, 나 때는 6/6/7/3이었다. 이게 무슨 소리인가 하면, 이등병 6개월, 일병 6개월, 상병 7개월, 병장 3개월을 한다는 말이다. 나는 일병 3호봉 때 상병을 달았으니 상병으로 약 10개월을 보낸 셈이 된다(상병은 분대장을 달기 위해 가라로 달았던 것이므로 병장 진급은 원래의 기간으로 함). 일찍 계급을 다는 것이 그 당시에는 좋을지 몰라도, 정말 뒤로 갈수록 토 나온다. 상병을 9개월 넘게 달고 있는데 내 계급이 변하지 않을 때 그 기분은 겪어본 사람만 알 것이다.

2
나의 군 생활 후반부

비전 캠프 조교로 있으면서 나는 정말 다양한 일을 겪고 다양한 사람을 만났다. 나는 군단의 비전 캠프로 분류가 돼 있었는데, 군단 직할대의 전 부대에서 보내오다 보니 포병여단, 공병여단은 물론 전차 통신 각 부대의 인원들을 다 만나보게 되었다. 그 덕에 아무래도 이래저래 들은 게 많았다.

정말 못된 간부도 있었고 좋은 간부도 있었다. 아직도 기억나는 건 군단의 화력 참모님(대령)은 자신의 사비를 털어 거의 매달 교육생들을 위해 피자와 통닭을 사와 위문을 오셨다. 그때마다 인원들에게 정말 군 생활에 필요한 좋은 이야기들을 많이 해주셨다. 아직도 기억나는 것은 '절대, 절대 포기하지 말라.'라는 이야기였다. 그분은 항상 그렇게 말씀하셨다. 그분도 군 생활을 30년 정도 했는데 정말 소위, 중위 때는 죽고 싶었던 적도 많았고 군인을 그만둘까 하는 생각도 많이 했단다. 하지만 진짜 행복은 끝까지 포기하지 않는 자만이 가질 수 있다는 생각이 들었다면서 자신의 인생에서 우러

러 나오는 덕담을 늘 우리에게 해주셨다.

 교육생 때와는 프로그램이 몇 가지 추가되거나 없어져서 약간의 변동 사항은 있었지만, 조교로 왔을 때도 체제 자체는 크게 변하지 않았다. 내가 평범한 군 생활을 했던 때보다 여기서 배운 게 더 많다고 느끼는 이유 중 하나는 프로그램 단위로 돌아가는 교육생들 때문이다. 매 기수마다 다양한 인원들을 보았으니 신 교대 훈련소의 조교들만큼은 아니어도 일반 부대에 있는 것보다는 훨씬 많은 병사들을 접해보았다. 또 그런 만큼 특별한 기억도 많다.

비전 캠프에서 조교를 하면서 겪은 일

 나는 그곳에서 분대장으로 전역했기 때문에 군 생활의 절반을 그곳에서 보냈다. 앞의 반이 아닌 뒤의 반을 보냈기 때문에 희망 캠프 쪽이 자대라는 느낌이 강하다. 또한 아무래도 오는 인원들이 참 다양했기 때문에 정말 여러 가지 일을 경험할 수 있었는데, 그 중에서 기억나는 특이한 일들을 적어보려 한다. 앞서 전반부는 사실 '평범한 군 생활'에 속하는 이야기였지만, 지금부터 이야기할 사건과 사례 등은 조금은 특별한 군 생활 이야기가 아니지 않을까 싶다. 아마 내가 계속 자대에서 생활했더라면 겪어보지 못했을 일일 테니까.

그곳의 분대장들이 하는 일은 자신이 분대원으로 받은 교육생들을 관찰하고 교육생들과 상담하는 일, 그리고 대장에게 상담과 관찰 내용을 보고하는 게 주 임무다. 자대의 '상담병'의 업그레이드판이라고 보면 된다. 정말 세세한 것까지 이야기하면 하루 오종일 이야기해도 끝나지 않겠지만, 커다란 사건 몇 가지만 이야기해보겠다.

1) 조금은 아쉬운 일들

■ 언제나 말조심, 말은 함부로 하는 게 아니다

이 글을 읽는 사람이라면 들은 적이 있을 것이다, 군대 가기 전에 '비누 주워 달라'는 말을 조심하라는 농담을. 이것은 인터넷에도 많이 퍼진 농담이고 관련 웹 만화도 많으니 봤으리라 생각한다. 이것은 내가 그곳에 분대장으로 가서 얼마 안 있어서 생긴 일이다. 위의 선임 중 한 명이 또 전역할 때가 되어 한 명이 또 새로 온다는 것이었다. 물론 나는 가라 상병 때였기에 나보다 후임이 올 가능성이 거의 전무했다. 나는 운이 좋아 그곳 지휘관 눈에 들어서 일찍 뽑혀

온 경우였으니까.

　이번에 새로 오는 선임 분대장이 나와 교육생 때 같이 있었다는 사람이었다는데 도대체 기억이 나지 않았다. 그래서 선임들한테 누구냐고 물어보았으나 돌아오는 대답은 '선임 온대서 긴장 되냐? 비누 주워 달라는 거나 조심해.' 하는 이야기뿐이었다. 제대로 가르쳐 주지도 않고 사회에서나 하던 농담을 하는 걸 보고, 그냥 오면 얼굴 보고 기억해야겠다고 생각했다.

　며칠 뒤 선임이 왔다. 딱 얼굴을 보니까 아는 얼굴이다. 물론 나의 교육생 때 인원이 30명이 넘었기 때문에 그렇게 친하지는 않고 얼굴 아는 정도였지만, 그래도 같은 교육생 때 사람이라 반가웠다. 아무래도 그 선임과 내가 제일 막내였기 때문에 작업을 거의 같이 하게 되었다. 그 선임과 작업을 하던 중 '다른 선임들이 제대로 알려주지도 않고 비누 주워 달라는 말이나 조심하라.'며 농담이나 했다고 말했는데, 문제가 거기서 시작됐다. 며칠 뒤 캠프 대장에게 나는 소환됐고 정말로 된통 깨졌다. 진짜 지금까지 군 생활을 해오는 동안 들은 욕을 한 번에 다 들어도 그 정도는 아닐 것이다. 그리고 그 선임은 자대로 돌아갔다. 정말 나는 이 사건으로 말조심을 해야 한다는 걸 깨달았다. 내가 혼나고 선임이 자대로 돌아간 이유는…, 그 선임이 실제로 '동성애자'였기 때문이다. 캠프에 입소했던 이유도 그것 때문이었고, 캠프에서 동성애자도 군 생활을 남들과 다르지 않게 마칠 수 있다는 것을 보여주겠다는 다짐을 하고 자대로 돌아간 사람이었던 것이다.

　그렇게 자대로 돌아가서 열심히 생활해서 교육대장이 뽑아와 쓸 수 있겠다 싶어서 연락을 해 이쪽 분대장으로 오게 된 것인데. 내가 말 한번 잘못해서 캠프 분대장으로 온 지 두 달도 안 되어 다시 자대로 돌아가 버린 것이다. 당연히 나보다 먼저 와 있던 분대장 선임들은 그 선임을 교육생 때 담당했었으니 그 사실을 알고 있었고, 나는 전혀 모르고 있었던 것이다. 그러니 무슨 농담 따먹기 한 줄 알고 이야기를 꺼낸 것인데, 본의 아니게 상처를 준 것이다. 다른 선임들은 여기가 생각보다 일이 힘드니까 핑계대고 도망 간 거라면서 박살난 나를 위로해주었지만, 나는 그때 큰 교훈 하나는 얻었다. 별 것 아닌 것 같아도 입을 함부로 놀리면 안 된다는 것을 말이다.

작가의 한 마디

특별한 사례 같지만 크게 보면 다르지 않다. 약간 경우가 다르긴 해도 크게 보면 다른 사람들이 안 좋게 말한 것을 본인에게 알려준 경우이다. 좀 극단적으로 보면 'A가 나한테 너 완전 못된 애니까 조심하라고 하더라.' 라고 말한 것과 다름없다. 아무래도 남자들이어서 그런지 군대에 있다 보면 막말을 하는 경향이 있는데 조심하자. 군대는 사방 팔도에서 수많은 사람을 모아놓은 곳이다. 당신의 상식으로 막 던진 농담에 사람이 죽는다.

■ 법대생 과대표 태권도 4단 정신병자

아직도 이 교육생을 생각하면 이가 갈린다. 정말 대박인 녀석이 교육생으로 들어온다고 해서 우리 조교들이 바짝 긴장하고 있었다. 그의 모습은 마스크를 쓰고 전투모를 푹 뒤집어써서 눈밖에 보이지 않았다. 게다가 세면 백을 한 손에 감고 허리를 구부정하게 숙이고는 '우우우~우의   ~우왈   .' 하는 소리를 내면서 어떤 대화나 소통도 하지 않으려 하고 도망을 다녔다. 교육생이 올 때는 생지부나 기타 사회에서의 이력이 함께 온다. 그 때문에 알게 되었지만, 어느 지방대 법대 과대표에 태권도 단증이 4단이었다. 물론 이것으로 전부를 판단할 수는 없다. 군에 와서 스트레스를 받아 정신 이상이 생긴 것일 수도 있으니까. 어쨌든 이야기를 계속하겠다.

혼자 적는 일기나 우리에게 쓰는 마음의 편지 같은 것들을 사람이 알아볼 수 없는 날림 글씨체로 적어놓는 등 정말 문제가 심각해 보였다 그 모습만 본다면 위험해서 당장 전역을 시켜야 했다. 하지만 문제는 비전 캠프 입소 하루 전날 그 녀석이 여자 친구에게 쓴 편지와 간부에게 쓴 편지였다. 그 편지들을 우리에게 스캔해서 보내줬는데(물론 본인은 그 사실을 몰랐다. 전역했으니 이야기하는 거지만, 해당 부대 측에서도 개인 편지를 뜯어보는 것은 좀 그렇지 않나 싶긴 하다), 간부용은 지금 우리에게 보여주는 내용과 다를 것 없이 사람의 글씨가 아니었고, 여자 친구에게 보내는 것은 완전히 또박또박 잘 쓴 것이었다. 지금 자세히 말해줄 수는 없지만 곧 해결돼서 나갈 거라는 식의 내용이었다는 것이다. 또한 전화를 할 때도 통화를 잘하다가도 옆에 우리가 있으면 정신병자 모습으로 돌아왔다. 물론 그 반대의 경우(우리가 있다는 걸 인지하지 못했을 경우지만)는 정신병자에서 정상으로 돌아왔고. 거기다 무슨 이유에서인지 밥 먹기를 계속 거부했는데, 더 웃기는 건 밤에 혼자 침낭 속에서 뽀스락 뽀스락 소리 내면서 혼자 초코파이를 먹으면서 허기를 달랬다는 것이다.

이건 누가 봐도 '쇼'하는 게 아닌가. 물론 우리끼리 추측으로 남의 정신을 판단할 수 있는 건 아니기에 군과 사회의 정신과로 진료를 보냈다. 정신 감정도 해놓은 상태였고 그 정신과 전문의도 '쇼'일 확률이 높다고 진단을 내렸다 '무한도전'을 아주 즐겨보고 있다며. 게다가 이 녀석이 더 웃기는 건, 가끔 군단의 높은 사람이 위문을 오거나 하면 항상 자신의 모습을 강력하게 어필하려 들고 어떻게든 전화번호를 따내서 매우 귀찮게 하는 것이었다. 거의 매 기수마다 오던 화력 참모도 고생이 많으셨을 것이다. 가장 큰 문제는 절대로 우리의 통제에 따르지 않는다는 것.

어쨌든 군단 내부에서는 '쇼'라고 결론짓고 처벌 준비를 하기 시작했다. 심할 경우 구속까지 시킬 거라며 윗선에서는 단단히 벼르고 있었다. 그러므로 그 이전에 더 확실히 해두기 위해서 군 사령부까지 병역 심사를 올리기로 했다. 물론 쇼 같다는 서류도 전부 첨부했다. 거기서 떨어질 경우 확실하게 처벌할 빌미가 생긴다는 이유에서 그렇게 한 것 같은데….

근데 이 녀석은 보충역으로 빠져나갔다. 1군 사령부 측에서 심사를 대충 한 건지 서류를 안 본 건지, 아니면 그분들이 보기에는 보충역으로 빼버리는 게 낫다고 생각했는지 몰라도 군단 측 간부들은 이래저래 많이 허탈해 했다는 사실이다. 그렇게 미친 척해서 보충역으로 빠져나가면 나중에 자식들한테 어떻게 얼굴을 떳떳하게 들고 다닐 수 있겠는가? 하는 생각이 아직도 든다.

작가의 한 마디

사실 정신과 전문의들도 쇼라고 판정 내렸고 나도 쇼라고 생각하지만, 정말로 스트레스를 받아서 그렇게 됐을 수도 있다. 검사가 잘못 나왔을 수도 있고. 하지만 쇼였다면 정말 스스로 떳떳하게 살아갈 수 있는지 묻고 싶다. 거기다 '법학과 과대표'라는 스펙을 가지고 있었으면서 말이다. 혹시나 군 생활이 하기 싫어서 저렇게 해서 빠져나가야겠다는 생각을 가지고 있는 사람은 그만두기 바란다. 그것은 정말 말도 안 되는, 뭔가 사령부 측에서 착오를 일으킨 게 틀림없으니까.

지금은 어떤지 모르겠지만, 내가 조교를 할 당시에는 심사를 받고 통과되기도 매우 힘들었다. 일단 나는 군단 소속이었으니 이쪽의 사례대로 이야기를 해주자면, 일단 포병 여단 소속이면 여단의 심사를 통과해서 군단의 심사로 올라가야 한다. 그리고 군단의 심사에서 통과가 되면 군사령부 심사까지 통과돼야 '전역'이나 '보충역'으로 가게 된다. 그런데 이 경우는 구속시키려고 일부러 통과시켜줬다가 어떻게 통과돼버리고 말았다. 일반적으로는 '쇼'로 절대 통과할 수가 없다. 정신과 의사들도 속일 정도로 완벽하게 미치지 않고

서야 말이다.

당장 2년이 괴로워서 저런 좋지 않은 방법으로 군대에서 나갔다고 치자. 여러분은 자신의 아들에게 군대 이야기를 해줄 수 있겠는가?

■ 나는 의가사다

이는 참 어이없는 사례 중의 하나이다. 교육생 중에 나와 군번이 같은 녀석이 있었다. 사실 그때까지만 해도 우리 캠프는 상당히 자유로운 분위기여서 어디로 이동하는지만 보고하면 큰 제약을 두지 않았었다. 그런데 이 녀석이 갑자기 창고에서 목을 매는 바람에 그 이후부터 이동 시 꼭 한 명 이상 붙어서 다니도록 규칙이 바뀌었다. 진짜 죽으려고 한 게 아니라 보여주기 식의 '쇼'로 했던 것인데(이는 자신이 자백한 것), 문제는 이렇게 사건이 터졌다는 데 있다.

어쨌든 이 사건과 다음 사건이 연달아 일어난 바람에 군단 측에서는 지금의 분대장들이 능력이 없는 것 아니냐며 인사를 교체하라고 압박이 들어왔다. 울며 겨자 먹기로 분대장 몇 명이 교체되어 버렸고 캠프의 자율적인 분위기도 감시 분위기로 바뀌었으니 여간 민폐가 아니었다. 결국 목을 맨 것이 쇼였다는 것을 헌병대에 자백했고, 가족들이 전부 캠프로 소환되었다. 부모님이 통곡을 하시고, 그 부모님 앞에서 군 생활을 하겠다고 각서를 쓰는 등 큰 망신을 당했다. 어쨌든 더 이상 캠프에 둘 이유가 없기 때문에 자대로 퇴소시켰다. 하지만 몇 달 뒤 들려온 소식은 갑자기 미쳐서 정신과에 입원시켰다는 것. 이 인원도 결국 심사에 올려 보충역으로 빼서 내보냈는데….

여기까지라면 그냥 씁쓸한 기억으로 남았겠지만, 이후에 내가 병장일 때 또 같은 군번의 교육생이 들어왔다. 웃기는 건 이 교육생과 그 목을 맨 교육생이 같은 '신 교대 동기'였다는 것이다. 그 목을 맸던 녀석은 미니 홈페이지에다가 의가사를 해서 나왔다고 적어놓고 허풍을 떨었다는 것이다. 이 얼마나 어처구니가 없는가? 떳떳하지 못할 거 왜 그런 짓을 했느냐고…?

작가의 한 마디

미친 척해서 전역한 다음 바로 의가사로 나왔다고(나간 것도 아니다. 보충역 근무로 바뀌었을 뿐) 사기를 치고 있다니, 참 기가 찰 노릇이다. 정말 생각 같아선 그 친구의 미니홈페이지에 그 행실을 밝히고 '얘 의가사 아니에요~.'라고 적어놓고 싶었지만, 뭐 어떻게 그러겠는가? 그러려니 해야지.

여기서 하고 싶은 이야기는 세상은 참 좁다는 것이다. 언제 어떻게 이렇게 알려질지 모른다는 것이다. 내가 앞에서 말한 대로 자랑스럽게 의가사라고 적어놓은 홈페이지에 행실을 적어놨으면 그 친구는 어떻게 됐겠는가? 바로 앞에서도 말했지만 좀더 떳떳하게 살기 위해 악착같이 해볼 수 없었을까? 그 친구는 나와 군번이 같았다. 정말 절반 이상 군 생활을 한 시기였는데 쪼금만, 진짜 쪼금만 더 견뎌서 전역했다면 더 좋지 않았을까? 그 친구가 입소했을 때 내게 한 말이 기억난다.

"너는 어떻게 그렇게 군 생활을 재미있게 하냐?"

여기서 말해주고 싶은 것은 이거다. 솔직히 군 생활이 엄청 재미있다고 말하면 그 사람은 직업군인 체질이다. 하지만 똑같은 생활 속에서 마음가짐만큼 중요한 게 없다. 마음가짐이 망가진다면 그 생활은 망가지는 거니까…. 나는 조교의 위치도 위치였지만, 일부러 생각보다 더 '오버'하고 더 즐겁게 지내려고 노력했다. 좀 즐겁게 생각하려고 노력하고 '근거 없는 자신감'을 키워가며 즐겁게 지내려 했다. 그 결과 솔직히 좀 즐거웠다. 뻥 같아도 뻥이 아니다. 자신의 마음가짐에 따라 그 일의 재미가 결정되는 것이다. 똑같은 군 생활을 하는데 누구는 시간이 잘 간다 그러고, 누구는 잘 안 간다고 한다. 그건 개인의 마음가짐 문제가 아닐까? 힘들어도 포기하지말자, 절대로.

■ 암이에요

지금 말하려는 사례는 이 사람만 비판할 게 아니라 사전에 걸러내지 못한 군에도 문제가 있다. 저지능인 인원이었는데, 앞뒤 맞지 않는 말도 안 되는 거짓말을 해대고 도벽이 심했다.

어느 날 그는 정말 말도 안 되는 거짓말을 했다. 그곳은 종교 활동을 의무적으로 가야 하는 곳이었는데, 종교 활동 갈 때가 되니까 멀쩡하다가 갑자기 자빠져 누워버리는 게 아닌가. 그 이유가 암이라서 폐가 아프다는 거다. 이 얼마나 기가 차고 황당할 노릇인가. 물론 우리가 의사가 아니라 함부로 판단할 수는 없었지만, 평소의 거짓말과 약간 떨어지는 지능을 생각하면 이번에도 거짓말일 가능성이 높았다. 그래서 그날 종교 활동을 쉬게 하고 바로 군 병원으로 가서 정밀검사를 했다. 하지만 역시 거짓말이었다. 거짓말을 한 이유는 암이라면 전역시켜줄 거라고 생각해서 그랬다는 것인데…. 검사를 해볼 게 당연할 텐데, 이 정도 판단조차 못 하는 인원을 진작 걸러내지 못한 군 신체검사 시스템에 큰 문제가 있다.

작가의 한 마디

사실 이 인원을 비판할 수는 없다. 정신과 판정으로 저지능으로 나왔고, 그렇기 때문에 판단력과 대인능력이 떨어지는 건 어쩔 수가 없다. 두서없는 거짓말이나 도벽 증세가 약간 있는 것도 그 영향이다. 사실 이렇게 보면 단체생활을 하는 데 애로사항이 있을 수밖에 없다. 하지만 애초에 군에서 이런 점을 걸러내지 못한 것, 그리고 이런 인원을 내보내는 데 규제가 복잡한 것이 문제다.

내가 있을 당시 저지능으로 의가사 제대를 하려면 IQ가 75 이하 정도의 수치로 측정돼야 하는 것으로 기억하는데(물론 이 외에도 군 내부의 기준이 존재), 그 인원의 경우 내 기억으로는 78~80 사이였다. 수치도 그렇고 생활 자체도 단체생활을 하는 데 애로사항이 있는 사람이었다. 이런 경우를 빨리빨리 처리해주었다면 부대의 부담도 줄고 그의 고통도 줄지 않았을까? 물론 그 부대의 전우들이 잘 이끌어주는 까닭에 어떻게든 내가 전역할 때까지 군 생활을 하고 있었다. 전역도 무사히 잘하기를 바란다.

■ 식탐을 참을 수가 없다

이는 과도할 정도로 식탐이 많았던 인원 이야기다. 어느 정도였냐면, 배식할 때 맨 앞에 있으면 밥을 고봉밥 수준으로, 말할 수 없을 정도로 많은 밥을 퍼가는 인원이었다. 사실 밥뿐이라면 문제가 없는데, 반찬도 그렇게 퍼가니 문제가 생긴 것이다. 사실 사람이 뒷사람들을 생각해서 좀 적당히 퍼가라고 몇 번을 이야기하면, 그래도 그러는 시늉이라도 해야 될 텐데, 이 인원은 그런 게 없었다. 말로도 해보고 혼내기도 해보고 반성문도 적게 해봤지만, 오로지 자신이 먹고 싶은 만큼 퍼가는 꿋꿋함을 보여주었다. 결국 밥을 제일 나중에 푸도록 하는 극단의 조치까지 내렸다.

앞글만 읽어보면 '무슨 정신적 문제가 있을 게 아니야.' 싶을지도 모른다. 하지만 사실 아무 문제도 없었다. 이 인원의 문제는 '식탐'이 아니라 욕심과 이기심이었던 것이다. 오로지 자신의 편의만을 위해 행동했다. 샤워장의 온수 사용을 위해 항상 시간도 되지 않았는데 샤워를 먼저 하러 가는가 하면, TV를 혼자 차지하려고 리모컨을 가져가는 등…. 캠프에서도 나한테 엄청 지적을 받았는데, 자대의 그 거친 선임들한테는 얼마나 많이 혼이 났겠는가. 캠프에 입소한 이유도 선임들의 갈굼을 견디지 못해 "우울해서 죽고 싶다."라는 발언을 해서 입소하게 됐던 것이다. 그는 같은 이유로 약 세 번 정도 재입소를 했었다.

작가의 한 마디

아, 솔직히 말해서 이런 유형이 제일 힘들었다. '잘못된 점을 가르쳐줘도 고치지 않는' 유형. 정말 몇 번이나 단체생활이니까 자신만 생각하지 말고 남들을 배려해서 행동을 해보자고 수십 수만 번을 조언해주었다. 물론 몇 번이나 재입소를 하면서 조금씩 고쳐지는 모습을 보여주긴 했지만, 무의식적으로 이기심이 나오고 욕심을 버리지 못했다. 앞에서도 이야기했지만, 이곳이 단체생활이라는 점을 다시 한 번 상기해주기 바란다. 나 하나보다는 '전체'를 생각해야 무난하게 이곳이 돌아갈 것이다. 사람은 모두 개인적인 욕심이 있다. 하지만 그 개인의 욕심을 모두 충족시킨다면 군대가 아니라 그 어떤 단체도 절대 정상적으로 돌아갈 수가 없다. 자신의 욕망을 조금만 줄이고 남을 배려하는 마음을 가진다면 그와 같은 사태는 일어나지 않을 것이다.

잘 생각해보자. 나도 욕망을 참고 남들을 배려하기 위해 양보하고 있다. 근데 계급도 안 되는 갓 들어온 신참이 자기 챙길 것 다 챙기려고 하면, 선임들 눈에 그게 곱게 보일 리가 없다. 곱게 보이기 이전에 그렇게 되면 우리가 '피해'를 입기 때문에, 당연히 피해를 입기 싫은 선임들은 당신을 혼내는 것이다.

2) 그래도 힘내자!

앞의 사례는 좀 열 받게 하는 경우였으나 비전 캠프에 온다고 해서 전부 다 그런 인원들은 아니다. 사실 70~80%의 인원들은 모두 자대로 돌아가 정상적인 군 생활을 열심히 하고 만기 전역을 했다. 나처럼 조교로 뽑혀서 오는 경우도 있고, 정말 안타깝게 전역을 하거나 계속 부적응하는 인원도 있긴 했지만 말이다. 이번에는 내게 좋은 기억으로 남았던 사례를 이야기해보려 한다.

■ 나는 국악인

　이것은 나와 교육생 동기였고 나의 조교 선임이며 현재는 친한 형님이 된 분의 이야기다. 이 형이 군대를 입대하게 된 계기가 조금 슬펐다. 나는 잘 모르지만, 국악이나 그쪽 방면에서 어떤 자격증 비슷한 것을 취득하면 군 면제 대상에 들어간다고 한다. 아마 문화계 계통의 그런 것이었는데, 이 형이 그것을 했고 면제 대상에 들어갔었다. 그래서 당연히 군대를 안 와도 되는 입장이었다. 그런데 정권이 바뀌면서 그 면제 대상이 축소되어 하는 수 없이 28세라는 늦은 나이에 입대를 하게 된 것이다. 하지만 사회경험도 있고 나이도 있는 데다 원체 성격이 너무 좋아 군 생활을 하는 데 큰 무리가 없었다. 하지만 생업인 악기 연습을 하면 그것보다 군 생활이나 잘하라고 간섭하는 선임과의 트러블들로 인해 다툼이 생겨 입소를 하게 되었다.

　같은 교육생인데도 우울해 하는 다른 교육생들에게 상담이나 조언을 해주고 오히려 조교들에게도 삶에서 나오는 이야기를 해주는 정말 형 같은 느낌의, 아니 느낌으로만 말하자면 삼촌에 가까운 사람이었다. 그런 그가 교육대장의 눈에 띄어 우리 기수가 퇴소하던 때 바로 조교로 발탁이 된 것이다(특례로 일병 때 발탁이 됐고, 이 형의 선례가 있었기에 나도 일병 때 조교로 올 수 있었다).

　그는 처신도 매우 좋고 군단의 상층 간부들(군단 주임원사 같은 분들)에게도 인지도와 인망이 높아 군단장, 군단 주임원사와 같은 테이블에서 식사를 하기도 했다. 그것을 보면 '참 나이 값을 하는구나.' 하는 느낌이 강하게 들었다. 자대로 그냥 돌아갔어도 크게 무리 없이 군 생활을 하지 않았을까 싶다.

작가의 한 마디

사실 이런 문제는 누구에게나 스트레스를 줄 수밖에 없다. 물론 현재 우린 군인이고 군복무에 생활의 중점을 두어야 한다. 하지만 개인 정비라는 일종의 휴식시간엔 군복무와 관련된 일을 하기도 하지만, 한편 자신의 발전을 위해 쓰도록 주어진 시간이기도 하다. 단지 이등병, 일병이라는 이유로 '이등병이 지금 공부하게 돼 있냐'며 간부도 아닌, 병사들과 선임들이 갈구며 허가받은 개인의 자유를 박탈하는 것은 큰 스트레스가 아닐까. 아무리 군대가 자유가 제한되어 있다 해도 말이다. 게다가 이 형의 경우는 생업과 관련이 있었으니 더했을 것이다. 나도 계급이 낮을 때 선임들이 그림 그릴 시간 있으면 주특기나 연습하라고 닦달하여 스트레스를 좀 받기는 했다.

이런 경우에는 크게 두 가지의 대처법이 있다. 즉 그냥 순응해서 선임들 말에 따라주거나, 아니면 대화를 통해서 해결을 보는 방법이다. 선임이 아무리 성격이 더러워도 같은 사람이니 대화는 통하게 돼 있고, 아무리 후임이어도 진지하고 정중하게 말하면 받아주는 경우가 많다. 그도 안 될 정도로 선임의 인격이 안 돼 있다면, 그냥 간부에게 이야기를 해서 해결하는 방법이 최고다. 그 선임에게 찍히게 될지도 모르지만, 이는 당신의 미래를 위해서도 중요한 일 아닐까?

■ 아파도 꿋꿋하게

정확하게 병명이 기억 안 난다는 것을 일단 양해를 구하겠다. 이 역시 내 선임의 이야기다.

희귀병을 앓고 있는 환자가 있었는데 그 병명이 얼핏 기억하기로는 '미주실신경성 실신'이라고 한 듯싶다. 일정 주기 혹은 스트레스를 받을 경우 '실신'해버리는 병이다. 어느 정도냐 하면, 실신 주기가 오면 정말 갑자기 푹 하고 쓰러져 기절해버린다. 그래서 항상 방탄 헬멧을 쓰고 다녔으며, 또 실신 주기가 올 때쯤이 되면 양옆에서 병사 둘이 부축을 하고 다녔다. 이건 100% 전역이 가능한 상황이었으나 그 자신이 전역을 거부하고 끝까지 병역을 마치고 싶다고 했다. 평범한 생활조차 불가능한데, 사실 전투를 위해 존재하는 집단인 군에서는 몸을 쓰는 일이 많은데, 도저히 불가능하며 다들 원하는 전역을 시켜준다고 하는데도 본인이 만기 전역을 하고 싶다는 의지를 버리지 않았던 것이다.

캠프에 입소했던 이유도 도저히 병역이 불가능하다고 판단되어 부대에서 전역 준비를 하는 동안 '휴양'하고 있으라는 취지에서 보낸 것이었다. 하지만 힘들다는 것을 알면서도 가능하다면 군복무를 어떻게든 끝까지 마치고 싶다는 의사를 밝히는 바람에, 부대 측과 이야기한 결과 캠프의 분대장으로 복무를 계속하게 되었다. 아무래도 일반 부대보다는 몸을 크게 움직일 일이 없으므로 어떻게든 가능하지 않을까 하는 결론에서였다. 그는 군복무 내내 방탄을 쓰고 다녀야 했고 나머지 분대장 둘이 이동할 때마다 붙어 있어야 했지만, 정말 성실히 군 생활을 해나갔다. 물론 전역을 약 3개월 정도 앞둔 때 다시 자대로 돌아가 복무할 수밖에 없게 되긴 했다. 캠프 프로그램 자체가 전방 GP, GOP 체험, 유해 발굴 등 산을 타고 몸을 써야만 되는 프로그램들이 대폭 추가됐기 때문이다. 자대 쪽에서 배려를 해주어, 전역이 얼마 남지 않은 까닭에 행정 보조 쪽으로 해서 무사히 전역할 수 있었다.

작가의 한 마디

여기서 말하고 싶은 건 정말 몸이 아픈데도 군 복무를 하고 싶어하는 사람도 있다는 것이다. 사실 나는 그곳 조교로 있다 보니 정말 꾀병이 심한 인원들을 많이 보았고, 전역 사유가 되지 않는데도 이걸로 전역할 수 있지 않겠냐며 헛된 희망을 가지고 있는 사람들이 많았다. 정말 의가사 제대는 부적합 전역보다도 더 까다롭게 심사가 이루어진다. 그 이전에 정말 자신의 몸도 못 가누던 이 친구도 군복무를 하고 싶다고 계속 의사를 밝혀 불가능할 것 같던 군 복무를 어떻게든 해냈다. 그리고 그에 대한 군의 배려도 컸다.

지금 이 책을 읽는 사람의 대부분은 아마 이 정도로 몸이 아픈 사람은 거의 없을 거라고 생각된다. 이렇게 힘든 사람도 의지를 굽히지 않는데 우리라고 못 할 게 없지 않을까?

■ 유약한 나

정말 초기 때는 답이 없다고 할 정도인 인원이 있었다. 못된 거라면 차라리 낫겠는데, 정말로 너무 착한데 성격이 너무 유약한 사람이었다. '군대가 너무도 무섭다, 도대체 어떻게 해야 될지도 모르겠고 부대 선임들에게 피해를 주기도 싫다, 더 잘하고 싶은데 본인이 용기가 없어서 어떻게 해야 될지도 모르겠다.' 하면서, 차라리 육군 교도소가 속이 편할 것 같다고 했다. 그래서 교도소를 가도 복역을 마친 후 군복무를 또 해야 된다고 말해주었다. 그는 무슨 이야기만 하면 무조건 울음을 터뜨렸다. 하지만 다행히 차츰차츰 교육을 하면서 변해가는 모습을 보여주었다. 물론 교육보다는 그 인원을 받은 분대장이 잘 설득하고 교육을 잘해서 용기를 얻었던 것 같다. 아마 내가 그를 받았으면 그렇게 변화시킬 수 없었을 것이다. 그 인원의 말에 의하면, 교육보다는 당시 분대장이 자신에게 너무 좋은 말을 많이 해주었다고 하는 걸 보니 말이다. 어쨌든 그 인원은 처음엔 답이 안 나올 정도여서 2기수나 연속으로 있었다. 하지만 퇴소할 때는 정말 다른 사람이 되어 있었다. 완전 180도 바뀌었다면 거짓말이겠지만, 적어도 눈물을 흘리지 않게 되었고 군 생활을 열심히 해보겠다며 자신 있게 말할 정도로는 바뀌었다. 이 정도면 큰 성과가 아닐까. 그 인원이 크게 바뀌었기 때문에 캠프에서 포상 휴가를 주어 자대에서 사용할 수 있도록 배려도 해주었다.

작가의 한 마디

이 이야기는 현 인원보다는 그 인원의 주변인이 될 여러분이나 이 책을 읽고 있을 군인들에게 해주고 싶다. 이 인원은 절대 자신의 힘이나 캠프의 긍정 교육으로 인해 변한 것이 아니다. 단 한 명, 정말 자신의 말을 들어주고 이해해주고 열심히 하면 해낼 수 있다고 격려해준 정말 단 한 명에 의해 변화한 것이다. 이 책을 읽고 있는 당신이라면 어떤 이를 변화시킬 수 있는 단 한 명이 되는 것도 좋지 않겠는가? 어려운 것이 아니다. 정말로 마음을 열고 말을 들어주면 되는 것이다.

■ 바뀔 수 있다

이건 특정 개인의 이야기라기보다 좀 전체적인 이야기다. 캠프에 오는 사례를 크게 나눠보면 '자살위험, 군부적응, 정신적 문제(저지능 등)' 이렇게 3가지로 분류될 수 있겠다.

정신적인 문제는 우리가 솔직히 어떻게 해줄 수 있는 게 아니다. 군에도 정신과 군의가 있고, 군에서 해결이 안 된다 싶으면 사회 병원에서 진료 받을 수 있도록 협조를 해준다. 하지만 군부적응이나 자살위험은 그 당사자 본인과 주변 사람들로 인해서 충분히 변할 수 있다. 사실 캠프에 다녀간 인원의 80% 이상은 아무 문제 없이 군 복무를 마치는 경우가 대부분이다. 여기서 내가 말하고 싶은 것은, 자신에게 문제가 있건 부대에 문제가 있건, 어떤 문제든지 간에 바뀔 수 있다는 것이다. 또한 그것을 이끌어내는 가장 큰 요인은 자신의 의지이다. 나도 나름대로 직책상 상담이 주된 업무였기 때문에 대표적인 사례에 대한 조언을 몇 가지 여기에 적어볼까 한다.

① 타인과의 문제로 입소

타인과의 마찰로 인한 갈등이 문제가 되면 나는 항상 이렇게 이야기해주었다.

"잘 생각해보자. 군대란 지금 전국 팔도에서 20대의 건강한 사내들을 한 군데에 모아놓은 것이다. 그런데 그들과 마찰이 전혀 없다면 그게 말이 될까? 아니다. 문제가 일어 날 수밖에 없다. 당신은 학교라는 단체에서도 문제가 일어나는 것을 봤을 것이다. 군대도 마찬가지이며, 앞으로의 직장생활에서도 마찬가지다. 하지만 이 문제의 대부분은 서로가 서로를 맞춰주기 바라는 마음에서 나온다. 이 마음을 조금만 바꾸면 군 생활을 하기 편할 것이다."

이 책을 읽는 독자와 내가 만났다고 가정하자. 그리고 한 달간 생활을 같이 해야 된다. 그렇다면 당신은 나의 생활에 전부 맞춰줄 수 있는가? 아니다. 불가능하다. 왜냐면 나도 독자의 의견에 전부 맞춰주지 못할 테니까. 그런데 몇 십 명이나 되는 모든 중대원들이 자신에게 맞춰주기를 바라는 마음이 있다면, 그건 좀 잘못된 것이 아닐까?

사실 조금만 양보하고 배려하면 편하다. 이곳은 '단체생활'이지 않은가? 거기다 내가 좀더 가져야겠다는 마음을 잘 품을 수 없도록 도와주는 계급사회. '조금만 더 나에게 맞춰라.'가 아닌, '내가 조금 맞춰주도록 하자.'는 마인드를 가지게 된다면 좀더 편한 군 생활이 될 것이다. 그것은 그렇게 어려운 것이 아니다. 앞으로의 이야기도 마찬가지지만, 이런 일로 인해 입소했던 인원들은 거의 다 군 생활을 무사히 마쳤으니까.

② **건강 문제**

사실 나는 아픈 분들에게 감히 무슨 조언하고 뭐하고 할 것도 없다. 하지만 엄밀히 군에는 규정이 있고 등급이 있다. 정말 군 생활을 못 할 정도의 고통이 있다면 군에서 그대를 도와줄 수 있다, 의가사하는 쪽으로. 하지만 자신은 전역할 수 있다고 생각하지만 그게 안 되는 경우도 있다. 여기서는 보통 두 가지로 갈린다. 하나는 조금 불편한 감이 있지만 군 생활을 하기에는 큰 무리가 없는 정도이고, 또 하나는 정말로 하기 힘든데 간당간당하게 조건이 안 되는 슬픈 사례다.

일단 전자에 대해 말하자면, 깔끔하게 포기하는 게 좋다. 사실 의병제대의 경우는 한번 심사에서 떨어지면 재심사를 한다고 해도 거의 되는 경우가 없다. 적어도 내가 있는 동안은 그랬다. 군 생활이 힘들고 하기 싫다는 것은 나도 잘 알고 있다. 하지만 바로 앞에서 이야기한 선임의 사례를 기억하는가? 그렇게 쓰러지는 몸을 가지고 있는데도 군 복무를 하고 싶어 하는 사람도 있다. 가장 큰 이유가 어떤 것인지는 개인차가 있겠지만, 크게 개인적 명예와 사회적 불이익을 받지 않기 위해서다. 전역이 돼서 나갔다면 좋겠지만, 만약 그렇게 하지 못했을 경우 깔끔하게 포기하고 군 복무를 하는 편이 좋다. 부대 측에서도 당신이 신체적으로 문제가 있다는 것을 알고 있다면 그에 대한 배려를 충분히 해줄 것이다. 물론 그렇게 해주지 않는다면 부대 측이 나쁜 것이므로 더 상층 부대에 상담해보기를 추천한다. 십중팔구 해결될 것이다.

그리고 이제 후자의 경우다. 정말로 하기 힘든데 애매하게 조건이 맞지 않아 전역을 못 하게 될 경우 정말로 죽을 맛일 것이다. 이런 때는 대부분 혼자 끙끙 앓거나 자포자기해버리곤 한다. 그러나 절대 그러지 말라. 계속해서 간부들과 상담을 하고 도움 받을 방도를 찾아보도록 하자. 사람 사는 곳은 다 살아날 구멍이 있기 마련이다. 부대에서도 최대한 도와줄 것이고, 결국 전역이 안 된다 하더라도 보직을 바꾸는 방법 등으로라도 당신의 몸을 최대한 배려해줄 것이다.

③ **여자 문제**

나의 입소 이유도 이것이었다. 사실 사회나 군대나 연애사 문제는 남이 조언해준다고 해서 절대 기분이 풀어지지는 않는다. 어떻게든 그냥 자기가 털고 일어나는 방법이 최고다. 하지만 그래도 이럴 때 내가 보통 이야기해주는 것은, '사실 안 될 여자였기 때문에 당신과 안 됐던 것'이라는 말이다.

잘 생각해보자. 2년을 못 견뎌서 도망간 여자가 당신과 결혼해서 도망가지 않는다는 보장이 어디에 있는가? 물론 일반화시킬 수는 없다. 어떤 연애사나 개인사 모두 사정이 있고 경우가 다르니까. 하지만 차라리 이번 기회에 헤어진 게 잘된 일일지도 모르지 않는가. 정말로 결혼한 뒤에 가버릴 수도 있으니까.

④ 가정 문제

앞에서도 이야기했지만 일단 가장 중요한 것은 혼자서 끙끙 앓고 있어봤자 전혀 도움이 되지 않는다는 것이다. 가장 중요한 것은 일단 간부에게 사정을 자세하게 말하고 도움을 받아야 한다. 그리고 두 번째로는 당신이 침착함을 잃지 않는 것이다. 어차피 상황이 당장 변하지는 않는다. 당신이 안절부절 하든 침착하든 간에 그 상황은 그대로이다. 정신만 차리면 호랑이굴에서도 살아 나간다는 이야기가 있지 않은가? 정말 집안에 큰일이 생겨 당장 나가야 한다면, 군 측에서도 청원 휴가 등을 통해 당신을 배려해줄 것이다. 그 외에 가정이 갑자기 불행해져서 어떻게 해야 될지 몰라 자포자기해버리고 싶은 상황이 온다고 해도, 당신이 불안해 하고 자포자기한다면, 그건 오히려 밖에 있는 가족들을 더 힘들게 할 뿐이다. 침착하고 도움을 얻을 수 있는 방향을 한번 찾아보도록 하자. 내가 받은 교육생 중에 시설에서 자라 입대한 인원이 있었다. 그런데 그 시설의 원장 정도 되시는 분이 갑자기 아프게 되자, 그 인원은 도움도 못 드리고 어떻게 해야 될지 감도 안 잡혀서 지금 군대에 왜 와 있는 건지 모르겠다며 자포자기했다. 그러나 간부들의 도움과 주변 전우들의 상담으로 마음의 안정을 찾고 밖의 일도 다행히 좋게 마무리되었다. 우리 캠프에서도 그 인원을 도와주자며 정말 소액이지만 약간의 모금 활동도 했었다. 사람 사는 곳이 그렇게 팍팍하지는 않다고 말해주고 싶었던 것이다. 당신이 힘들다면 다들 도와줄 것이니, 혼자 끙끙 앓으며 힘들어하지 말고 당장 도움 줄 사람을 찾도록 하자.

⑤ 그냥 군대가 싫다

가장 많은 부분을 차지했던 사례가 아닐까 싶다. 사실 군대를 좋아하는 사람이 몇이나 되겠는가. 하지만 이미 입대하지 않았는가. 그렇다면 군 생활을 하든가 하지 않든가, 둘 중의 하나다. 하지만 군 생활을 하지 않는다는 게 어디 자기 마음대로 되는 일이던가? 그렇다고 불명예 전역을 할 생각인가? 아서라, 뒤에서 다루겠지만 인생을 버리는 일이다. 대부분 이병과 일병 때 이런 일을 많이 겪는데 사실 대부분의 군인들이 그렇다. 계급사회에 적응되지도 않은 데다 일도 잘 모르겠고 밖에 대한 그리움도 커질 때라 힘든 게 당연하다. 하지만 그 잠깐의 시기만 견디면 적응이 되고, 그러고 나면 그렇게 힘든 기간도 아니다. 사실 우리가 잘하는 게임이나 자신의 특기 분야를 맨 처음부터 잘하지는 않지 않았는가? 게임도 레벨이 낮을 때는 당연히 힘들다. 군 생활이 정말 힘들다고 많이 느끼는 시기가 일병에서 이병 때가 대부분이다. 그 시기만 넘기면 한결 편안해질 것이다. 우리가 약 20여 년의 인생을 살아오면서 힘든 시기 한두 번은 없지 않지 않았던가.

군대가 아무리 싫다고 해도 생각을 좀더 긍정적으로 바꾸고 좀더 힘을 내면 반드시 이겨낼 수 있다. 군대 2년은 정말로 짧은 기간이다. 2년이라고 하면 매우 긴 기간처럼 느껴질 것이다. 하지만 인생의 40분의 1이라고 생각하면 매우 짧게 느껴지지 않는가? 약간 표현을 바꾸자면, 시간으로 따져볼 때 40분 중에 '1분'에 불과하다. 지금 당장은 너무 힘들더라도, 잠깐 지나가는 인생의 한 가지 파도일 뿐이다.

⑥ **바닥을 치며 올라가게 돼 있다**

지금 혹시 인생의 바닥으로 떨어졌다고 생각하지 않는가? 어느 인생이나 다 굴곡이 있기 마련이고, 굴곡이 있어야 인생이다. 음악의 파장을 봐도 위 아래로 굴곡이 있다. 그 굴곡을 지나면 사람은 더 강해진다. 우리가 잘 알고 있는 '탱탱볼'도 바닥을 강하게 내려칠수록 강하게 튀어 오른다. 설사 당신이 정말로 인생의 바닥끝까지 갔다고 해도, 이제 위로 날아오를 일만 남은 것이다. 또한 그 바닥을 친 게 인생의 마디가 되어 당신을 더 강하게 만들어줄 것이다. 비온 뒤의 땅이 그렇다. 대나무도 마디가 있어서 더 길게 자랄 수 있다. 드럼통도 예전엔 통짜였을 시절엔 쉽게 파손됐지만, 중간에 마디를 만듦으로써 강도가 강해졌다. 사람은 시련을 견뎌내면 더 많은 걸 배우게 되고 더 강하게 큰다. 하지만 그렇게 되는 사람들은 그 시련에서 자포자기하지 않고 포기하지 않는 사람들뿐이다.

■ **마무리 지으며**

　정말 말이 안 통하고 심각한 교육생도 많았다. 하지만 그만큼 정말 우수하고 착한 교육생도 많았으며, 정말 어쩔 수 없는 사정으로 입소한 인원도 많았다. 군대란 사실 언제 무슨 방법으로 자신에게 시련이 닥칠지 모르는 곳이다. 사회에 있는 게 아니라 군대에 있는 상태이기 때문에, 그 시련이 닥치면 더 고통스러운 것 같다. 내가 분대장으로 오기 전에는 사회에 있는 형이 부모를 살해해서 입소한 인원도 있었다고 한다. 이렇게 군대란 어떻게, 무슨 일이 생길지 모르기 때문에 간부들의 빠른 대처가 더욱 더 중요하다고 생각된다.

3
후반부를 이야기하며

앞서 비전 캠프에서 겪은 기분 나빴던 일, 좋았던 일, 그리고 내가 교육생들에게 해준 조언이나 경험 등을 바탕으로 몇 가지 사례를 살펴보았다. 지금부터는 간단하게나마 군 생활의 후반부를 이야기해보려 한다. 아무래도 일반 부대와는 다른 곳이기 때문에 아래의 이야기는 일반 군 생 활과는 약간 내용이 다를 것이다.

캠프의 일과는 교육 프로그램에 따라 진행되며, 내가 있던 곳의 체제는 교육대장, 행보관, 교육지원관으로 간부 3명, 조교 6명으로 이루어져 운영되었다. 우리 조교들이 하는 일은 앞에서도 이야기했지만, 자신이 맡은 분대원들을 상담하며 분대원의 행동을 관찰해 관찰일지를 매일 적고 대장에게 보고하는 일이었다. 내가 있던 곳은 하루 세 번(아침, 점심, 저녁) 결산해서 그때마다 특이 사항과 행동들을 교육대장에게 보고했다.

사실 이게 별것 아닌 것 같아도 꽤 큰 스트레스이다. 보통 적으면 3명에서 많으면 5~6명까지 분대원을 받게 되는데, 전 인원을 상담하고 답변해주는 것도 꽤 힘들지만, 가장 짜증나는 건 보고하는 하루 세 번의 시간과 하루를 마치며 인원들이 오늘 하루 무슨 일을 했고 감정 등이 어땠는지 관찰일지를 적는 일이었다. 사실 나쁘게 보면 실험 생물도 아니고 왜 사람을 관찰해서 일지를 적는가 하는 생각도 할 수 있다. 하지만 이는 그 인원을 도와주기 위해서, 또 혹시 모를 사고에 대비해서 평소에 관찰을 잘해놓으려는 것이다.

물론 일지 기록은 일반 부대의 분대장들도 하는 일이다. 우리처럼 꼼꼼하게 적지는 않지만, 대략적인 생활 패턴이나 기타 등등 기록을 한다. 우리 캠프가 정말 행동 하나 하나를 꼼꼼하게 기록하는 가장 큰 이유는 다른 데 있지 않다. 전역해야 할 인원의 경우 우리 캠프에서 크게 도와주는 것은 사실 없다. 엄밀히 말하면 이곳은 전역을 하기 위해 오는 곳이 아니라 '부적응' 인원을 '적응' 인원으로 바꾸기 위한 시설이다. 그렇기에 전역을 해야겠다 싶은 인원이 보이면 군 병원이나 자대의 상층부에 '이러이러해서 이러이러하다.' 등의 의견서를 써준다. 그리고 '여기서 관찰한 결과 이 인원은 아무래도 군 생활을 하기 힘드니 조치가 필요할 듯하다.'라는 소견서를 써준다. 평소의 행동을 군 병원이나 다른 군단의 상층부에 보고하여 필요한 조치를 취하기 위해서 꼼꼼히 기록하는 것이다.

사실 내가 맨 처음 조교로 왔을 때만 해도 분위기가 내가 교육생이었을 때와 크게 다르지 않았다. 하지만 점점 갈수록 캠프의 강도나 들어오는 인원들의 수준이 강화되었다. 앞서 말한 목을 맨 사건이 있은 후 2주가 지나서, 한 인원이 정신과 약을 먹는 척하면서 혀 밑으로 숨겨 따로 모아놨다가 한꺼번에 먹는 일이 발생하는 바람에 상당히 빡빡해진 일이 있다. 분대장들도 인원 관리도 제대로 못 하는 것 보니 능력이 없는 것 아니냐면서 몇 명이 잘려나가 버렸다. 그 자유롭던 분위기도 이동 시에 항상 분대장이 붙어서 행동하도록 되었고, 약도 원래는 앞에서 먹는 것을 확인하는 정도로 했지만, 혀 밑으로 약을 숨긴 사건 이후에는 먹었는지 안 먹었는지 간부가 입을 벌려 확인까지 해야 할 정도로 강도가 올라갔다. 사실 그것을 해야 하는 우리들도, 입까지 벌려 약을 먹었는지 안 먹었는지 감시 당하는 교육생들도 기분이 좋지는 않았을 것이다. 그나마 그 사건을 봐온 그 당시 기수의 교육생들은 이해해줘서 나았겠지만, ㄱ 이후의 교육생들은 인권 침해 아니냐면서 반발이 매우 심했었다. 하지만 어쩌겠는가? 이미 사고의 전례가 있고 또 그러지 않는다는 보장이 없는데. 캠프가 실질적으로 사고 방지의 최후 마지노선인 만큼, 혹시 모를 사고를 방지하자는 명목으로 하는 일이라고 잘 설명을 해주자 다행히도 대부분 납득을 해주었다. 단지 개중에 개성이 강하거나 강박증 비슷한 것이 있는 교육생들의 경우, 그들은 그들대로 참 곤욕이었고, 담당하는 우리는 우리대로 힘들었다.

　사실 우리 캠프는 그 두 가지 경우만 제외하면 그래도 분위기가 상당히 좋고 자유로웠다. 따라다닌다고 해도 워낙 부대 자체가 작은 곳이어서 육안으로도 모든 게 파악되었다. 그러므로 딱 달라붙어 따라다니지도 않았고 일단 친근감을 갖도록 했다. 또 움직이더라도 같이 대화하면서 움직이는 방식으로 하여 다른 교육생들과도 많이 친하게 지냈다.

　하지만 모든 비전 캠프가 그런 것은 아니었던 모양이다. 내가 복무할 때 비전 캠프가 매우 안 좋은 방향으로 언론을 탔던 적이 있었다. 비전 캠프를 다녀온 인원이 휴가 중에 자살해버렸기 때문이다. 그 방송 내용도 정말 경악스러웠다. 그곳 비전 캠프의 병사들은 감금당해 있는 것과 다름없었다. 만일 내가 교육생 때 그런 곳에 있었다면 더 스트레스를 받았을 게 틀림없다는 확신이 들 정도로, 창문은 쇠창살이 쳐져 있었고 내무반은 열쇠로 잠가 교육생들을 실질적으로 감금시키고 화장실조차 잠가놓고 갈 때만 풀어주는 식이었으니…. 해도 해도 너무했다는 생각이 들었다. 그 여파로 인해서 전 군의 비전 캠프 감사가 들어왔다. 그로 인해 모든 면에서 제약되는 게 없었던 우리 캠프에도 6명의 조교가 많다면서 3명으로 줄이라는 지시가 떨어졌다. 그로 인해 또 몇 명의 분대장이 잘려나갔다.

정말 그때는 전역이 얼마 안 남은 시기라 버텼지만, 3명이었을 때는 참 힘들었다. 6명이었을 때도 한 사람당 3~5명씩 받아서 관찰을 해야 되는데, 그 인원을 반으로 줄이면 단순 계산을 해도 한 사람당 부담이 약 두 배 가량으로 늘어나지 않는가. 거기다 캠프의 행정 일 자체를 우리 분대장들이 하고 있었기 때문에 분대장 업무를 떠나 그것이 가장 부담이었다. 그나마 다행인 것은 운이 나를 향해 돌고 있었는지, 전역할 때쯤에는 교육생들이 비약적으로 조금씩 들어왔다. 따라서 행정 쪽은 힘들었지만 분대장 업무는 이전과 비슷한 수준으로 부담해도 되어서 그나마 위안이었다.

사고가 터질 때마다 인사가 변경되고 제도도 바뀌어 이번엔 누가 잘려 나가나, 이번엔 어떤 프로그램이 생겨서 우리 생활에 변화가 오나 등등 이런저런 고생 아닌 고생을 했는데, 그나마 내가 끝까지 그곳에서 복무하게 된 것은 내가 다른 분대장들보다 잘해서가 아니라 그냥 운이 좋았기 때문이었다고 생각한다. 당시 우리 분대장들이 농담 삼아 했던 이야기가 있는데, 그것은 우리는 어떤 회사를 들어가도 버티겠다는 것이었다. 그 말을 하며 윗분들의 말 한 마디에 바뀌어나가는 정책에 적응하려고 애쓴 기억이 아직도 생생하다.

어쨌든 그런 일들을 겪으면서도 나는 10개월간의 지겨운 상병을 졸업하고 병장을 달았다. 그렇게 가지 않을 것 같던 시간, 그러나 한번 눈을 감았다 뜰 때마다 집으로 갈 날이 다가오고 있었다.

1) 알아두면 괜찮을지도 모를 상병 때의 행동방침

원래 중간이 가장 힘들다고들 말한다. 밑에서 못 하면 중간이 쪼이기 마련이다. 또한 윗사람들이 못 한 것도 중간에서 잘 커버를 해주어야 소위 말하는 군기가 살고, 또한 그것이 나중을 위한 내 발판이 되기도 하다. 위를 받쳐주어야 위가 나를 받쳐줄 것이고, 그런 전례가 있어야 내가 위로 올라갔을 때 밑의 후임들이 그것을 보고 나를 받쳐줄 것이다. 사실 상병쯤 되면 웬만하면 큰 문제는 없지만, 이런 선·후임 간의 균형을 맞춰주는 중간 교량대 역할을 잘해주어야 한다.

2) 병장을 달고 전역까지

　사실 병장이 되면 여러 가지로 중요한 시기이다. 군 생활에서 중요한 시기라기보다 앞으로 사회로 나가기 위한 준비 기간이라는 점에서 중요한 시기이다. 아무래도 병장이 되면 시간이 많이 남을 뿐더러, 일반 부대에 있으면 말년 정도 되면 사회 나갈 준비를 하라고 간부들도 잘 터치를 안 하고 자기 공부 할 시간을 주는 일종의 배려를 해준다. 하지만 나는 다른 사람들처럼 병장 말년을 크게 편하게 보내지는 않았다. 사람이 3명으로 줄었는데 말년이고 뭐고 어디 있겠는가? 일은 일대로 해야 하고 견장은 전역할 때까지 붙어 있는데. 나는 캠프에 와서 전역할 때까지 말 그대로 하던 일을 계속하다가 갔다. 거의 마지막 즈음에 후임이 들어와 잠시 4명이 된 인수인계 기간이 말년을 꽃 피우던 유일한 기간이었다.
　군 생활의 막바지에 들어서면 사람들은 여러 가지 생각을 가지게 된다. 전역하면 효도해야지, 나가면 이걸 이렇게 하고 저걸 저렇게 해야지 등, 목표가 생긴다. 어느 누구도 마찬가지다. 이제 인생의 잠깐의 이벤트인 군대에서 나가 정말 사회가 시작되니까. 다들 자신의 노하우와 목표가 있을 것이며 꿈도 있을 것이다. 나는 그냥 머릿속으로만 생각하지 말고 말년이 되어 시간적 여유가 좀 많이 날 때 글로 목표를 하나 둘씩 적어나가면서 '실행하겠다!'라는 의지를 굳건히 하라고 추천하고 싶다. '그걸 처음부터 어떻게 적어…? 힘들어, 귀찮아.'라고 생각하지 말고, 정말 사소한 것부터라도 좋다. 나는 그때 뭘 적을지 생각이 안 나서 1번으로 적은 게 스마트폰 구매

하기였다. 내가 군에 있을 때 스마트폰 붐이 일났는데, 그때 스마트폰을 가지고 있는 간부들이 신으로 보였다. 아니 폰으로 인터넷이 된단 말이야?! 하면서.

어쨌든 그런 사소한 것부터 적기 시작하면 어느새 이것저것 쓰여 있는 자신의 목표 노트를 볼 수 있을 것이다. 나도 많은 걸 적었고, 그걸 집으로 가져와 비전 보드로 만들었다. 지금 그것을 잘 붙여놓고 잊지 말자며 열심히 보고 있다. 이 책을 쓰는 이유 중 하나도 군 생활 때 가진 목표를 그냥 허구의 꿈이 아니라 현실의 꿈으로 만들기 위해서이다.

그런 식으로 하루 이틀 목표를 세우면서 말년 휴가를 나오게 되었고 전역이 다가왔다. 이때의 기분은 사실 말로 설명하기 힘들다. 사실 마냥 기쁘지만은 않다. 여러 가지 복잡한 감정이 뒤섞이고 그동안 같이 생활한 간부나 병사들에게도 여러 감정이 느껴진다. 그뿐 아니다. 일가친척들이나 친구들 그리고 가족에게 느끼는 감정은 더 각별하다. 옛말에 '떨어져 봐야 소중함을 안다'고 하지 않았는가. 그리고 말년 휴가를 출발해서 개구리 마크를 치는 그 순간의 복합된 감정. 휴가에서 복귀하고 전역신고를 한 뒤 부대 문을 나설 때, 그 한 발짝 발을 내딛는 순간과 '사회 공기'를 마실 때의 감정. 그 감정은 정말 평생 잊히지 않는 기억이 아닐까?

군 생활 정말 지옥같이 힘들다고 느꼈던 때도 많고 즐거웠던 추억도 많다. 남자들끼리 2년 동안 얽히고설켜 사는 군대. 어떻게 표현해야 할지 잘 모르겠다. 하지만 정말로 나는 말하고 싶다. 군대에서 많은 것을 배웠다고. 내 성격 자체도 밝고 더 행동성 있게, 인간적으로 더 좋게 변했다고. 이것을 나 스스로가 느끼고 있다. 그래서 말할 수 있다. 군대 진짜로, 정말로 다녀올 만하다고, 한번이라면. 두 번은 못 가지.

3) 알면 좋은 병장의 팁

 병장은 팁이 없다. 당신은 신(神)이다. 단 말년에는 떨어지는 낙엽도 조심할 것.

4) 비전 캠프 그리고 군대

 사실 지금 정말 군에서 많은 개혁을 하려고 노력하고 있는 것을 알고 있고, 나도 그것을 현지에서 느껴서 잘 알고 있다. 인원 조정도 해보고 프로그램 자체도 개선해보며, 내무 부조리를 뽑기 위해 다양한, 정말 어떻게 보면 첩보작전에 버금갈 정도의 방법을 생각을 해내는가 하면, 최대한 자살자나 군 부적응자들을 줄이려 노력하고 있다. 내가 비전 캠프에 있으면서 통계도 몇 번 봤기 때문에 그런 인원이 많이 줄었다는 것을 알고 있다.
 실제로 내가 있던 군단은 비전 캠프가 생기고 자살 비율이 크게 줄었다. 자살할 위험 조짐이 보이면 캠프로 보내서 교육을 시켜 힘을 주거나 안 되면 그에 따른 조치를 취해주었기 때문이다. 하지만 정말 아직 고쳐야 할 부분은 비전 캠프 같은 프로그램을 만들기보다 군 일반 내무생활 등의 개선이 필요하다고 생각된다. 정말 교육을 열심히 해서 군단에서 포상 휴가를 받아 자대로 돌아간 인원도 있었고, 좀 강하게 다그치는 스타일이었던 내게 정말 고마웠다면서 퇴소할 때 눈물을 뚝뚝 흘리는 정에 약한 인원도 있었다. 그리고 대부분은 자대로 돌아가 무사히 군 생활을 마쳤거나 지금 잘 복무하고 있다.

하지만 지금 정말 군과 부대 간부들, 선임들이 알아야 할 것이 있다. '겨우 그거로 그러냐?'라고 싶을 정도로 하찮은 내무 부조리로 스트레스를 받는 인원이 정말로 많다. 나는 상담하면서 겉으로는 동감을 엄청 해주었지만 속으로는 '아니, 그 정도로 그렇게 하긴 좀 그렇지 않나?' 싶을 정도로 말이다. 사람마다 느끼는 것이 다르기 때문에, 별것 아니라고 생각하는 사람이 있으면 별것이라고 생각하는 사람도 있기 마련이다. 정말 어떤 시점으로 보면 당연한 내무 부조리라도, 어떻게 보면 절대 용납되지 않는 내무 부조리로 느끼는 사람들이 반드시 존재한다. 이런 면을 꼭 개선해줬으면 좋겠다.

나는 비전 캠프에서 군 생활을 한 덕에 여러 부대의 내무 부조리나 좋은 점에 대해 많이 듣고 각 부대의 특성도 많이 알게 됐다. 또한 인원들에게 상담을 해주며 '긍정적으로 생각하라.'와 '포기하지 말라.'는 등의 교육을 했었기에 지금 이 글을 써보자는 도전을 하게 된 것이리라. 그리고 이 글을 읽는 독자들에게 한 마디 하자면, 분

명 비전 캠프에 입소하는 인원의 대부분은 이등병, 일병이다. 하지만 그렇다고 상병, 병장이 입소를 안 하는 것은 아니다. 교육생으로 캠프에서 전역한 병장도 있었으니까 말이다.

의외로 꽤 많은 상병과 병장이 입소했는데, 그 이유 역시 다양하다. 군 생활을 하면서 어떤 문제이든 당신을 피해 간다는 보장은 없다. 하지만 그 어떤 문제라도 우리는 헤쳐 나갈 능력이 있다는 것을 알아둬야 한다. 그 문제를 도와줄 사람들이 당신 주변에는 많다는 말이다. 그도 그럴 것이 단체생활이지 않은가? 당신에게 문제가 생기면 그들도 골치가 아프니 주저 말고 도움의 손길을 요청하라.

VI
내가 생각하는 현 군대의 큰 문제점

[최근 들어 일반 부대는 물론 해병대 군 사고가 지속적으로 매스컴을 타고 있다. 나는 군 생활에서 여러 스타일로 입소하는 인원들을 보아왔기 때문에 나 나름대로 큰 문제점이라고 여겨지는 것에 대해 의견을 말해볼까 한다.]

1
입대 전 허술한 신체검사와 정신검사

　이는 정말 많은 이들이 공감할 것이라고 생각한다. 나 역시 신검을 받을 때 신체 쪽은 말 그대로 대충 대충 보고 휙휙 넘기고, 당시 우울증이 심할 때였는데도 별다른 조치사항 없이 당당히 현역 신검 1등급을 받았으니 말이다. 정신적 문제로 입소하는 교육생들 역시 마찬가지였다. 정신박약도 문제지만 저지능(IQ가 일정 수치 이하)인 인원들이 정말 많이 들어왔는데, 이런 것을 신검에서 걸러내질 못했다는 말이다. 그러니 결국 부대 내에서 안전사고 문제가 되어 비전 캠프 쪽으로 인원을 돌리는 사태가 일어난다.

　도대체 '저지능'을 캠프에서 어쩌라는 건가. 결국 정신과 쪽으로 보내서 전역을 시키거나 의가사로 빼거나 둘 중의 하나였다. 그것도 여의치 않으면 어쩔 수 없이 그대로 돌려보내 군 복무를 하게 했다. 저지능 인원의 특성상 정상적인 군 생활을 할 수가 없고 안전사고의 위험 역시 크다. 정말 현 신검의 시스템은 변할 필요가 있다. 정신적인 문제나 저지능의 경우는 본인도 인지를 못 하는 사례가 많았다. 그걸 알아서들 서류를 떼어오라고 하니 걸러지겠는가? 좀더 자세한 검사와 전문의 등이 투입될 필요가 있다고 생각된다.

2
어처구니없는 내무 부조리

사실 군기는 필요하다. 군이라는 특성상 당연히 존재해야 한다. 하지만 현재 사병들의 인식으로 볼 때 내무 부조리는 정말 어처구니없이 불필요하다는 것이다. 물론 청소 같은 것은 후임들이 더 열심히 하고 선임들은 감독 위주로 하는 게 더 효율적인 것이 사실이다. 하지만 앞에서도 나열했듯 활동복의 깃이나 콘플레이크를 병장만 먹게 한다는 내무 부조리는 도대체 누구의 뇌 속에서 나온 것인가? 이게 군기와 무슨 상관인가? 괴롭히기밖에 더 되는가?

군기에 필요한 것과 그냥 괴롭히기 용 부조리를 구별 못 하는 게 문제다. 내가 후임병일 때 들은 말 중 가장 어이없는 게 바로 활동복 옷깃 가지고 "니들도 이게 있어야 나중에 편해." 하는 말을 하는 것이었다. 청소나 그 외의 계통의 부조리로 그런 소리를 했으면 이해를 하겠는데 말이다. 게다가 이것과 복합되어 일어나는 문제는, 현재 입대하는 장병들의 정신 수준이 이진 쌍팔년대와는 전혀 다르다는 점이다. 자유분방하게 살다가 군대 온 것도 짜증나는데 저런 부조리들이 있으니 더 스트레스를 받는다. 내가 교육생들과 면담을 할 때 그들이 짜증나 했던 것 중 하나가 짬으로 가르는 것이었다. 당연히 계급사회이고 위아래가 있는 만큼 지켜야 할 건 지키는 게 당연하다. 하지만 그만큼 없애야 할 것은 없애야 한다.

3
병영의 정해진 규칙과 실질적인 생활의 근본적인 문제

　이는 시스템이 잡혀가고 있는 상황이라 나중에는 개선될 것이라고 생각한다. 하지만 현재 병영생활의 문제점 중 하나는 복무신조나 병영생활 행동강령 등의 규정을 정해놓긴 했지만, 실질적으로 부대 내에서의 전통이나 규칙, 짬 가르기 등을 부대 내에서도 쉬쉬하고 있다는 것이다. 내가 말하고 싶은 건 '규칙을 지켜라!' 이게 아니다. 가장 큰 문제는 저런 규칙을 신병들에게 가르치고 군내에서도 지키라고 하는데, 부대 내에서는 쉬쉬하고 있는 점이다. 그러니 신병들은 그렇게 알고 들어오는데, '왜 규칙대로 안 하고 우릴 괴롭히나?' 하는 식으로 문제가 커지는 거다. 당연히 이런 모순이 있으니 서로간의 골이 깊어지지 않겠는가.
　아예 규칙을 뜯어 고치거나 아니면 지금 있는 규칙을 확실하게 지키거나, 둘 중 하나를 확실히 해야지, '부대 사정이…' 하는 이유 등으로 쉬쉬하고 있으면 장기적으로 볼 때 확실히 문제가 심해질 것이다. 이건 대충 하는 이야기가 아니다. 내가 면담했던 교육생들

중에도 '왜 병영생활 행동강령에는 분대장 외 상호간에 지시를 금한다고 돼 있는데, 다른 선임들이 심부름시키고 청소를 시키느냐?'며 불만을 표출하고, 심한 경우에는 죽여버리고 싶다고 말하는 교육생이 한둘이 아니었다. 고작해야 '청소를 지시한 것 가지고' 사람을 죽여버리고 싶다는 이야기가 나온다는 것이다.

이는 군의 높은 분들이나 간부들이 긴장을 하고 규칙대로 확실히 평등하게 하거나, 그도 아니면 지금 있는 규칙을 뜯어고쳐라. 상, 하가 더 확실한 규칙으로 말이다. 그렇지 않으면 지금의 규칙과 실생활의 모순이 그들로 하여금 더 스트레스를 받게 하고 핑계 거리를 만드는 빌미가 될 것이다.

4
병사들이나 기타 문화에 대한 제대로 된 관리 부족

 이번 해병대 사건만 봐도 알 수 있다. 기수 열외라는, 쉽게 말해 '전통적인' 왕따 문화가 있었다는 건데, 과연 간부들이 그것을 몰랐을까? 부사관의 경우는 병사에서 지원해서 올라오는 경우도 많은데? 아니다. 절대 그럴 리가 없다. 물론 일반 부대의 경우도 마찬가지다. 실질적으로 생활관(내무반)은 아무리 독립시킨다고 해도 병사들이 생활하는 공간이고 선임병사들에 의해 돌아간다. 그러므로 당연히 그들만의 문화가 생겨날 수밖에 없다. 그 문화가 제대로 된 문화라면 다행이지만, 기수 열외 같은 좋지 않은 문화도 생겨나는 게 당연하다. 이렇게 병사들 관리를 대충 병사들에게 맡기니 제대로 된 관리가 될 리 만무하다. 군 생활을 해본 사람이라면 알겠지만 대체 몇 명의 간부나 생활관 하나하나를 다 돌아보며 관심 있게 관찰을 하던가. 많아봤자 한둘이고, 그나마 한두 생활관만 돌아보고 행정반에서만 짱 박혀서 TV나 보고 있기 일쑤다.
 그리고 가장 큰 문제는 '알면서도 봐준다'는 점이다. 아까도 말했지만 사실 병사에서 부사관으로 올라간 현역 부사관의 경우는 그 부대의 내무 부조리를 전부 알고 있다고 해도 과언이 아니다. 하지만 그런 인물일수록 오히려 그런 편의를 봐주는 경우가 많다. 이런 점은 어서 개선되어야 하지 않을까?

5

부적합 병사에 대한 전역 및 보충역 전환 절차

　나는 비전 캠프 쪽에서 복무하면서 부적합 전역이나 보충역으로 돌리는 것을 많이 봐왔는데, 그 절차가 정말 복잡하고 오래 걸린다. 가장 큰 문제는 그 기간 동안 병사를 제대로 관리를 못 한다는 것이다(기껏해야 비전 캠프로 보내거나 부대 내에서 반 감금). 절차와 검사를 간략하고 더 확실하게 할 필요가 있다. 누가 봐도 저지능 등으로 인해서 전역시켜야 할 인원들은 정작 전역을 못 시킨 채 부대가 부담을 떠안게 하고, 또 누가 봐도 '쇼'하는 인간을 보충역으로 돌리는 등 어처구니없는 경우를 상당히 자주 봐왔다. 여기서 드러나는 문제는 크게 두 가지다. 하나는 전역 절차가 너무 복잡하고 길다는 것. 또 하나는 검사 방법이 전문화되지 않았다는 것.

　정신과 쪽의 검사는 군 병원 정신과를 보통 이용하고 부족하다 싶으면 민간 병원에까지 가게 해서 검사를 받게 하는데, 검사를 받아왔다고 해서 그대로 되는 게 아니라 또 복잡한 절차와 순서를 밟아야 한다. 그나마 이렇게 검사받고 절차를 밟는다면 다행이다. 병사가 문제가 있는 줄 알면서도 쉬쉬하는 부대가 상당히 많다. 군은 입대 전에 더 관심을 가지는 게 중요하겠지만, 입대 후에도 문제가 일어나는 병사들을 철저히 관찰하고 관리하는 게 중요하다. 또한 앞에서도 이야기했지만 IQ 75 이하가 기준이더라도 76, 78인 인원들도 실질적으로 군 생활이 불가능하다 싶으면 약간의 융통성을 발휘해주는 센스가 있기를 바란다.

군대를 마쳐야 하는 이유

내가 앞의 글들에 부적합으로 전역하는 경우를 몇 개 써놔서 혹시 이 책을 읽는 독자들도 그런 생각을 할까봐 두렵다. 그래서 부적합 전역을 하지 말고 군을 끝까지 마쳐야 되는 이유를 적어보도록 하겠다. '군대도 나오지 않고 어떻게 남자라고 할 수 있겠냐?' 같은 뻔한 이야기를 할 수도 있겠지만, 내가 아는 선에서 구체적으로 열심히 이야기를 해주겠다.

1
결국 자신에게 떳떳하지 못하다

　앞에서 이야기한 '나는 의가사다!'를 기억하는가? 미친 척해서 보충역으로 빠져나갔으면서도 미니홈페이지에는 의가사로 전역했다고 적어놓았다. 본인 스스로도 부끄럽게 생각하고 있다는 증거다. 앞장에서도 이야기했다시피 그 인원은 목을 맨 후 바로 내보내준 것도 아니다. 부모님과 친가들이 모두 비전 캠프로 불려와서 각서를 쓰고 일가친척들에게 망신을 당하면서 다시 군 생활을 시작했고, 그 후에는 자대로 돌아가 '미친 척'을 했다. 그것이 주변에 알려지는 게 싫으니 보충역으로 빠져나왔으면서도 의가사라는 이야기를 적어놓지 않았겠는가. 만약 내가 그 동기에게 그 홈페이지 주소를 물어서 거기에다 진실을 적어놓았다면 그 친구는 아마 미니 홈페이지를 닫아야 하지 않았을까? 물론 이렇게 알려지지 않는다고 해도, 과연 저런 식으로 나갈 경우 스스로 떳떳할 수 있는가? 자기 아들에게 군 생활을 이야기할 수 있겠는가? 자신에게도 떳떳하지 못한 것이 사실이다. 또한 세상은 좁다.

2
평생 따라오는 기록 '군 부적합자'

정말 전과자가 따로 없다. 군 부적합 전역자라는 기록은 자신을 평생 동안 따라다닌다. 나는 "만일 군 생활을 하면서 부적합 전역을 하게 될 경우에는 그 기록이 평생 남는다고 들었는데, 제가 알고 있는 것이 정확한가요?" 하고 병무청에 물어보았다. 그러자 그 답변은 "전역한 사람의 병적자료는 영구보존하도록 되어 있으므로 부적합 전역에 대한 기록 역시 영구히 남아 있을 수밖에 없다는 사실을 안내드립니다."라는 것이었다. 2년을 견디지 못해 남은 60년 이상의 기간 동안 불명예스러운 기록을 안고 살아가야 된다는 말이다.

그뿐이면 그러려니 하고 말 수도 있다. 하지만 저런 기록을 가지고 있으면 과연 취직이 마음대로 되겠는가? 내가 군 생활을 할 때 캠프 대장에게 그곳에서 부적합 전역을 한 병사로부터 전화가 왔다. 전화 내용은 취직이 되지 않으니 다시 군으로 돌아가고 싶다는 것이었다. 잠깐을 견디지 못해 지금까지 살아온 인생과 앞으로 살아갈 밝고 창창한 미래를 스스로 밟아버린 것이나 다름없다. 정말

Ⅶ. 군대를 마쳐야 하는 이유 **177**

로, 정말로 쪼금 힘든 시기만 넘기면 군 생활도 그렇게 힘든 게 아닌데, 그 잠깐의 순간을 견디지 못해서 큰 피해를 보게 된 것이다.

3
40분의 1

　당신이 약 80년을 산다고 계산하면 2년은 약 40분의 1밖에 되지 않는다. 당신은 떳떳함과 불명예스러운 기록 중 어느 것을 선택할 것인가? 인생의 40분의 1을 견디지 못하여 나머지 39를 버릴 생각인가? 그렇다면 말리지 않겠다. 미친 척을 하건 뭘 하건 마음대로 하라. 잘되면 나갈 것이고 잘못되면 처벌을 받고 다시 군 생활을 할 것이다. 또한 당신이 군 생활에 했던 행동을 당신의 중대원들은 기억한다는 걸 잊지 말라. 몇 십에서 몇 백 명. 생각보다 대한민국은 좁다. 당신의 이야기를 알고 있는 사람을 언제 어디서 어느 위치에서 만나게 될지 누가 알겠는가. 운 좋게 불명예스러운 기록을 가지고 취직을 했는데, 부대에 있던 선임을 직장 선배로 만난다면 나 같으면 그 직장에서 나가버리겠다.

　우리 캠프의 대장이 교육생들에게 자주 이야기해주던 말, '2년 때문에 남은 인생 60년을 망치지 말라.'라는 말이 괜히 나온 것이 아니다. 2년, 정말 금방이다. 당신이 중학교나 고등학교를 졸업하기까지 보내온 3년보다도 짧은 시간이다. 조금만 버티면 된다. 그 시간을 버티지 못하면 평생 힘든 시간이 따라다닐 것이다.

4
참지 못하여 탈영할 경우

정말 말 그대로 포기하라고 하고 싶다.

군부대는 십중팔구 산지에 있기 때문에 홀몸으로 나가봤자 얼마 가지도 못해 대부분 잡힐 뿐더러, 혹시라도 잘 도망쳤다고 치자. 범죄에는 공소시효라는 게 있어서 일정 기간 동안 잡히지 않으면 죄가 사라진다는 것은 다들 알고 있을 것이다. '탈영도 그럼 오랜 기간 동안 숨어 살면 공소시효가 지나서 해결되겠지.'라고 생각하고 있지 않은가? 우리나라 국방부가 그렇게 바보는 아니다.

일정 기간 단위로 '미복귀자는 복귀하라'는 명령을 내리고 있기 때문에 죄는 사라지지 않는다. 탈영죄가 사라진다 하더라도 명령을 어기고 있기 때문에 명령 위반이라는 죄가 계속해서 씌워지고 있다. 한 마디로 요약하면 공소시효가 의미가 없다는 말이다. 정말 평생 범죄자로 빛을 보지 못하고 사는 경우가 생길 수도 있으니 탈영할 생각은 하지 말라.

이 책을 마치며…

대한민국 남자라면 특정 소수를 제외하고 모두가 다녀오는 군대…. 정말 좋은 면도 있고 좋지 않은 면도 많은 그곳도 이곳과 다름없이 사람 사는 곳이다. 말 그대로 그 또한 하나의 사회… 처음엔 당연히 두렵고 적응이 안 될 수밖에 없다. 기존에 우리가 알던 사회와는 다른 사회로 가는 것이므로. 하지만 가지 않았다면 모를까, 이미 군대를 갔거나 가야 할 상황이라면 어쩔 수 없다. 앞에서도 한 뻔한 이야기이지만, '피할 수 없으면 즐겨라.'라는 말이 있지 않은가? 나 역시 초반에 힘든 군 생활을 보냈지만 나오고 보니 웃음밖에 나오지 않는다. 힘든 순간이 찾아와도 그 순간만 견뎌내면 모든 게 해결될 것이다. 독자도 학생시절 힘들었던 시절이 한 순간도 없었는가? 그렇지는 않을 것이다. 나는 군대에 가면 분명히 잃는 것도 있지만 그보다 얻는 것이 더 많다고 생각한다.

이 볼 것 없는 글을 여기까지 읽어준 독자에게 감사한다. 입대를 앞두고 있는 독자라면, 절대 두려워할 것 없다. 크게 생각하면 학교의 연장선밖에 안 된다.

부록

재미로 알아보는 군대용어 사전

    이곳에서는 군대에서 쓰는 용어나 병사들끼리 쓰는 그들만의 언어를 알아보려 한다. 사실 사회인들도 많이들 들어봤겠지만, 의외로 못 들어본 말도 많을 테니 한번 적어보도록 하자. 공식적인 언어도 다루겠지만, 정말 필요한 단어 몇 가지 외에는 병사들끼리 자주 쓰는 은어에 초점을 맞춰 다룰 예정이다. 물론 부대별로 쓰는 언어도 있고 안 쓰는 언어도 있다. 모두가 다 전 부대에서 쓰이는 말은 아니다. 예를 들면 내가 이 용어사전을 정리하기 위해 조사하면서 알게 된 '군대 스리가'라는 단어는 전역할 때까지 한번도 들어보지 못한 말이다.

가라

가짜 혹은 뻥, 대충 등의 의미로 쓰인다. 내가 본문에 가라 상병을 달았었다고 썼는데, 한 마디로 가짜 상병이다. 이외에도 작업 등을 할 때 '야, 가라로 해.'라고 하면 그냥 대충 하라는 소리다.

개구리 마크

전역할 때 달게 되는 예비역 마크를 뜻하는 말로서, 예비역 마크에 그려져 있는 월[계]수, 지[구], 리[본]을 줄여 개구리 마크라고 부른다.

고참

자신보다 군대를 먼저 들어온 군번상의 윗사람을 가리키는 말. 선임과 마찬가지 뜻이다.

고문관

이게 뭐 폼 나는 직책으로 알고 있는 사람도 있지만, 한 마디로 문제 사병 등을 말한다. 조금 알기 쉽게 이야기하면 단체생활에 적응을 못 하거나 말을 못 알아듣거나 폐급 병사라고 불리는 이들을 총괄하는 말로서, 그 행동으로 인해 선임이나 부대원들을 고문한다고 해서 고문관이라 불리고 있다. 그 말의 어원을 알아보자면, 이전에 6.25 직후 미군의 군사지원으로 받게 된 고문관이 당시 한국군의 실정을 잘 몰라서 현실과 동떨어진 주장을 펼쳐 모두를 힘들게 했다는 게 그 시초라고 한다.

군대리아

많이들 들어봤을 것으로 생각된다. 군대에서 급식으로 나오는 햄버거를 '롯데리아'라는 말과 합쳐서 군대리아라고 부른다. 햄버거용 빵과 패티 그리고 어떤 햄버거가 그날의 식단이냐에 따라 샐러드가 나올 수도, 치즈나 달걀 감자가 나올 수도 있다. 대부분의 사람들은 짬이 안 될 때는 맛있다가 짬이 찰수록 맛이 없다고 하는데, 나는 짬이 안 될 때부터 정말로 맛이 없었다.

군대스리가

독일의 축구 리그인 분데스리가에서 따온 용어로 한 마디로 이야기하면 군대에서 하는 축구다. 사실 나는 이 언어를 조사하면서 처음 들었는데, 많은 부대에서 쓰고 있다고 한다. 군대 내에서 공식적으로 쓰이는 언어는 '전투축구'이다.

깔깔이/깔바지

사실 딱히 설명할 필요가 없을 것으로 생각될 정도로 유명한 군대 물품이다. 동계 때 입는 노란색 방한용 물품이다. 정식 명칭은 '방

상내피'(방한용 상의 내피). 깔바지는 깔깔이와 마찬가지로 쓰이는 바지다. 정식 명칭은 '방하내피.'

건뿌레이크

보급되는 건빵과 별사탕을 봉지 안에서 부셔서 거기에 우유를 말아 먹는 건빵+콘플레이크의 합성어이다. 부대마다 건뿌 혹은 건빵 뽀글이 등으로, 약간씩 쓰는 말이 다르다.

꿀 빤다

'편하게 있다'라는 소리다. 예를 들면 쉬운 작업을 받았을 때 '우리는 꿀 빨다가 내려가면 되겠네?' 하는 정도로 쓰인다. 꿀이 달기 때문에 편하게 있다가 내려가면 된다는 것으로 자주 쓰인다. 비슷한 언어로 뒤에 소개할 '망고 빤다'와 '어하네' 정도가 있다.

냉동

군 PX에서 파는 냉동식품의 총괄적인 언어이다. 사회처럼 인스턴트 음식을 마음대로 시켜 먹지 못해 식사대용 간식거리가 부족한 군인들에게 '오늘 냉동 먹자'라는 선임의 한 마디는 '오늘은 맛있는 걸 먹는 날이구나!'라는 뜻이기도 하다. 나는 군대에서만큼 냉동식품을 많이 먹을 일은 앞으로 살면서 없으리라 생각한다.

내무반

병사들이 생활하는 곳을 말한다. 요즘은 내무반이라는 말 대신 '생활관'이라는 말로 바뀌었다.

당나라 군대

선임들이 '완전히 이거 당나라 군대네?'라고 말하면 '완전 부대가 개판'이란 소리다. 보통 후임들이 위아래 없이 굴 때 자주 쓰이는 언어이나, 정말로 부대 상황이나 환경이 좋지 않을 때도 쓰이다.

땡보

군에서 편한 보직을 총괄하는 용어다. 혹은 편한 작업 등을 받았을 때 '우와, 완전히 땡보 받았네?' 하는 정도로 쓰인다. 보통 일반 부대에서는 행정이나 군사 우체국 등 전투보직보다 몸이 좀 편하다 싶은 보직들을 땡보라고 부른다. 하지만 군대는 자신의 보직이 어떤 것이든 간에 자신이 제일 힘들다.

똥국

군에서 식단으로 나오는 된장국을 말한다. 최근에는 그나마 나아졌지만 예전에는 건더기도 거의 없이 갈색 액체만 있었던 데서 유래됐다고 한다.

똥병장

병장은 병장이지만 힘없는 병장을 이야기한다. 그렇다고 진짜로 무시 받거나 하는 것은 아니고, 보통 말년 전이나 분대장을 인수인계 해주고 난 뒤의 병장들이 똥병장으로 불린다. 한 마디로 이제 갈 날이 얼마 안 남아서 있으나 없으나 마찬가지인 똥이라는 뜻이다.

맛스타

군대 하면 빼놓을 수 없는, 군에서 보급 나오는 음료이다. 사과 맛, 복숭아 맛, 오렌지 맛 등이 있으며 솔직히 맛이 그렇게 뛰어나지는 않다. 내가 전역할 때쯤에 '생생가득'이라는 상표로 바꿔서 보급이 시작되기 시작했으니, 아마 지금쯤은 전부 '생생가득'으로 바뀌지 않았을까 생각된다.

맛다시

PX에서 파는 양념장의 일종. 훈련 필수품 중 하나인데 매콤한 게 맛이 꽤 괜찮다. 거기다 참치까지 비빈다면 금상첨화다. 훈련의 필수품인 이유는 훈련 시의 밥이 정말로 맛없기 때문이다. 그도 그럴 것이, 취사를 해서 야외로 가져와서 먹기 때문에 아무래도 식거나 취사 여건이 안 되어 맛이 평소보다 많이 떨어진다.

망고 빤다

직역하면 '편하게 있다'는 소리이다. 보통 작업 등에서 어디 혼자 숨어 있는 병장한테 '망고 빨고 있다'고 하거나 개념 없이 선임들이 작업하고 있는데 가만히 있는 후임병들한테 '지금 망고 빠냐?' 하는 정도로 쓰인다.

물xx

물일병, 물상병, 물병장 등 계급 앞에 붙여서 쓰는 말. 이는 그 계급으로 진급한 지 한 달이 안 된, 한 마디로 갓 일병이 된 사람을 물일병이라고 부르는 것이다. 사회에서 '아직 군대 물이 안 빠졌네?' 하는 식으로 전 계급의 물이 안 빠졌다며 약간 비하하는 말이다.

미싱

재봉이 아니라 바닥청소를 말하는 것이다. 그냥 일반적인 바닥청소가 아니라 바닥에 물을 끼얹고 치약이나 세제를 뿌려 빗자루로 벅벅 밀면서 거품 청소를 하는 것을 군대 용어로 '미싱 청소'라고 한다.

뽀글이

역시 군대 하면 빼놓을 수 없는 뽀글이. 뽀글이란 봉지라면을 컵라면 끓이듯 봉지에다 스프와 뜨거운 물을 넣어서 그대로 익혀서 먹는 것을 뜻한다. 군부대 내에는 취사반을 제외하면 취사 시설이 없으니, 사병들이 라면을 먹으려면 컵라면을 먹거나 뽀글이로 먹어야 하는데, 뽀글이는 군대에서 먹어야 맛있지 사회 나가서 먹으면 솔직히 그 맛이 안 난다.

뽀미나
액상으로 된 구두약을 말한다. 부대마다 여러 가지 방언이 많이 존재하지만 뽀미나라는 말이 많이 쓰인다.

뺑끼 친다
보통 요령을 피우거나 게으름 피우는 사람에게 쓰는 용어. '어디 지금 니짬에 뺑끼를 치고 있냐?'라는 정도로 자주 쓰이고 있다. '망고 빠냐?'와 비슷한 뜻으로 쓰인다.

뽕
한 손으로 쥘 수 있는 작은 사이즈의 해머를 가리킨다. 뽕망치에서 따온 말이다. 부대에 따라 뽕, 함마, 해머 등 다양한 용어로 불린다. 한 손에 쥐는 사이즈가 아니라 대형 사이즈의 해머는 보통 '오함마'라고 부른다(이는 일본어에서 따온 것 같다).

사지방

'사이버 지식 정보방'의 줄임말로서 쉽게 말하면 군대 PC방이다. 아직 없는 부대도 많으며 간단한 인터넷 등을 즐길 수 있는 컴퓨터 시설이 마련돼 있다. 인터넷이나 웹 교육 등을 통해 사회로부터의 고립감을 없애라는 취지로 설치되었다. 물론 원칙적으로 게임 등은 할 수 없다.

사제

군용품이 아닌 사회의 물품들을 칭하는 용어로서, 보통 '사제 군화'나 '사제 밥' 등과 같이 쓰인다. 보급품보다야 역시 사제가 좋지. 보급품이 사제보다 좋다는 건 공짜라는 점?

쏘가리

소위나 소대장을 내리 부르는 말이다 당연히 병사들끼리 하는 말이니 본인들 앞에서 하면 안 된다.

암구호/합구어

한 마디로 군인들끼리 주고받는 암호인데, 묻는 암호와 답하는 암호, 줄여서 문어와 답어로 돼 있다. 합구어는 숫자의 합으로 이루어진 암구어 로서 매일 변경된다. 주로 야간 근무 시 어두울 때 아

군인지 적군인지 구별하기 위해 사용된다. 예를 들어 문어가 '군인,' 답어가 '사회인'이고 합구어가 '14'인 경우, 야간 근무 시에 피아 식별을 위해 이런 식으로 사용된다.

초병 : 손들어, 움직이면 쏜다! 군인! 7
교대자 : 사회인! 7

어하다

앞의 '꿀 빤다'와 동의어. '어 때리냐?' 식으로 사용하며 '뺑끼 치냐?' '망고 빠냐?'와 동의어.

얼차려

군기 확립을 위해 군에서 주는 합법적인 체벌의 일종. 쉽게 이야기하면 엎드려 팔굽혀 펴기, 쪼그려 뛰기 등이다. 한 마디로, 사회 식으로 말하자면 기합을 주는 것이다. 가혹행위를 막기 위해 정확한 시행 규칙과 규정들이 존재한다.

유격

군대에서 빼놓을 수 없는 2대 훈련이 혹한기 훈련과 유격 훈련인데, 그 중의 하나인 유격 훈련. 신체적으로 가장 힘든 훈련으로서 초장거리 행군, PT 체조 등 육체를 극한까지 사용하게 된다. 하지만 의외로 그날의 훈련이 끝나면 널널하여 추가 일과가 없기 때문에 부대원들끼리 막사에서 노는 경우가 많으며 캠프나 수련회에 온 기분을 느낄 수도 있다.

인트라넷

군 내부에서 쓰는 인터넷이라고 하면 쉽게 이해될 것이다. 싸지방을 제외하고 군 컴퓨터는 인터넷에 연결된 것이 아닌, 자신들만의 인터넷 회선인 인트라넷을 이용하고 있다. 군 내부 운영이기 때문에 그렇게 돌아다녀도 겉으로만 보면 볼 만한 것은 없지만, 의외로 여기저기 숨어 있는 볼거리들이 많이 있어 인트라넷 서핑을 즐기는 사람도 많다.

연등

본래 뜻이 따로 있지만 군부대 내에서 주로 쓰이는 뜻은 '취침시간 이후에 연등을 하여 다른 일을 한다.'는 말이다. TV를 보는 것을 'TV 연등을 한다.'고 하며 공부를 하는 경우도 있다. 물론 당직을 서는 간부의 허가가 필요하며, 허가가 없더라도 보통 몰래 TV 연등을 하는 경우가 많다.

전투식량

군에서 보급되는 식량품으로 평상시에는 거의 보급이 안 되고 보통 훈련 시에 보급이 된다. 많은 종류가 있는데 보통 뜨거운 물로 바로 조리할 수 있는 타입이 대부분이다. 요즘에는 줄을 당기면 발열이 돼서 데워지는 유형도 많다.

점호

인원이나 장비, 물품 등이 제대로 있는지 파악하기 위해 하는 하루 일과의 행사이다. 보통 아침에 일어나서 하는 일조점호와 취침 전에 하는 일석점호가 있다.

짜요짜요

요구르트에서 따온 이름인데 훈련 시 반합에 밥을 타기 귀찮을 때나 설거지 또는 기타 뒤처리가 까다로울 경우, 시중에서 파는 위생 비닐에 밥과 반찬을 넣고 그것을 안에서 비빈 뒤에 구멍을 뚫어서 짜먹는 방법이다. 의외로 괜찮다.

짬/짬밥

원래는 '잔반'에서 된소리로 강조되어 짬밥이 되었다는 설이 유력하다. 보통 군에서 지낸 기간을 표현할 때 많이 사용된다. '내 짬밥이 얼마인데 네가 나한테 이러냐?' 정도로 말이다. 예전의 어원에서도 '내가 먹고 버린 잔반의 양이 얼마나 많은데 이런 식이냐?'에서 강조됐다는 설이 있다.

짬 타이거

산간지역에 있는 대부분의 부대에 있을 것이다. 먹고 버린 짬을 먹는 들고양이들을 총칭하는 말이다. '짬 고양이' 하면 폼이 안 나니까 '짬 타이거'라고 부른다. 일반 부대에서는 짬 타이거가 활동하지만 gp/gop에서는 짬을 야생 멧돼지들이 먹는다.

초병

군부대에서 경계 근무를 서며 내외를 경계하는 임무를 맡고 있는 병사를 총칭하는 용어이다. 쉽게 말하면 위병소, 탄약고 등 경계근무를 서야 하는 곳에 들어가 근무를 서고 있으면 초병이다.

피돌이

'PX돌이'의 줄임말로 PX 관리병을 낮춰 부르는 언어이다. 참고로 지금은 군에서 PX라고 부르지 않고 '충성마트'라고 부른다. 군에서 용어를 바꾸었기 때문이다. 그래도 아직은 대부분 PX라고 하면 통하니 큰 문제는 없다.

황금마차

일반 부대원들은 볼 일이 없는 이동형 PX이다. 나도 캠프 프로그램으로 있는 GOP 경계 체험 덕분에 몇 번 봤는데, 산간지 위에 있는 GP/GOP같이 PX가 존재하기 힘든 곳으로 직접 가주는 아주 고마운 PX이다. 노란색의 트럭이기 때문에 '황금마차'라고 부르고 있다.

혹한기 훈련

군대의 2대 훈련 중 하나. 대부분 가장 추운 기간에 실시하는 훈련으로 훈련 내용은 부대마다 차이가 있지만 대부분 일반 부대에서 하는 훈련을 가장 추운 기간에 좀더 힘들게 한다는 개념이다. 한마디로 추위 적응 훈련. 맛스타가 캔째 얼어버리는 마법을 경험할 수 있을 것이다.